Stefan Schwarz

Lass uns lieber morgen!

Unbequeme Wahrheiten aus dem Liebes- und Alltagsleben eines gereiften Mannes

seitenstraßen verlag

Impressum
1.Auflage, September 2017
Originalausgabe 2017

Titelillustration: Jan Steins
Druck: Buch- und Offsetdruckerei H. Heenemann, Berlin
ISBN: 978-3-937088-23-5

Stefan Schwarz
@schwarzseher

„Im alten Rom diente die Ehe der Hervorbringung legitimer Nachkommen. Das war's. Der Rest war fakultativ."

Inhalt

Stefan Schwarz
@schwarzseher

„Ich habe das Lieblings-T-Shirt meiner Tochter zu heiß gewaschen. Kennt jemand einen Staat, der mich unbürokratisch aufnehmen würde?"

Zuerst

Mein Name ist Stefan Schwarz. Ich bin nicht besonders groß, tröste mich aber mit dem Gedanken, dass ich in Dachwohnungen mit schrägen Decken mehr Wohnraum nutzen kann. Ich gehöre keiner Religion an, und als ich den Menschen beim letzten Katholikentag in meiner Stadt einen »Frohen Leichnam!« gewünscht habe, hat keiner zurückgegrüßt.

Meine Eltern haben mich so gut erzogen, dass ich lange »Hurensohn« für einen skandinavischen Nachnamen hielt. Ich bin unfähig, beim Italiener »Panzerotti spinaci« zu bestellen, ohne wie Adolf Hitler zu klingen. Ich habe nicht zu Ende studiert, und der neue 50-Euro-Schein kann vermutlich mehr als ich.

Ich habe die seltsame Angewohnheit, bei Auslandsgesprächen lauter zu sprechen als bei Inlandsgesprächen, und zwar umso lauter, je weiter das Ausland entfernt ist. Ich habe mir zu Weihnachten einen Dämpfer gewünscht und hoffe, meine Frau versteht das nicht falsch.

Neulich hätte ich dem Mann vom Laptop-Service beinahe eine reingehauen, als er meinte: »Das liegt an Ihrem Dreckbett!« Dann fiel mir gerade noch rechtzeitig ein, dass ich in Sachsen lebe.

Die Haarwanderung

Ich habe ein Problem mit Umkleidekabinen. Nicht nur, weil ich einmal mit einer Damenhandtasche vor einer Umkleidekabine wartend meine Ex-Flamme Jana mit ihrem neuen Freund getroffen habe, die sich nach einem Blick auf die Damenhandtasche erkundigte, mit wem ich denn hier so unterwegs sei. Ich antwortete wahrheitsgemäß, dass ich mit meiner Mutter hier sei (der ich geburtstagshalber eine Strickjacke verehren wollte), worauf ich die spitze Replik »Ach! Immer noch ... mit der Mutti?« erntete.

Und auch das Innere von Umkleidekabinen behagte mir nicht. Von allen Seiten diese Spiegel. Ich will aber nicht wissen, wie ich von hinten aussehe. Ich habe schon genug damit zu tun, von vorne gut auszusehen. Aber diese Umkleidekabinen mit den Rückspiegelecken lassen einem keine Wahl. Nur mal schnell ein T-Shirt anprobieren, und schon leuchtet einem im Frontspiegel die Hinterhauptlichtung vom Eckenspiegel entgegen, und die frisch rasierte Fasson im Nacken sieht aus wie ein Mähstreifen zwischen Hinterkopfhaar und Rückenfell.

Ja, seltsam sieht der bejahrte, behaarte Rücken eines Mannes im mittleren Alter aus! Halb Mensch, halb Bergziege! Mit so was vor Augen muss meine Frau abends einschlafen, wenn ich mich nach dem Gute-Nacht-Kuss eindrehe. Kein Wunder, dass Frauen irgendwann anfangen, von Pelzmode zu träumen.

Aber: Der behaarte Rücken belehrt uns darüber, dass Haare nicht wirklich ausgehen. Sie gehen nur woandershin. Es ist vielleicht eine Art Trost: Männer, die ihre Haare verlieren, finden sie irgendwann auch wieder. Im Rückspiegel einer Umkleidekabine.

Eine Zeit lang glaubte ich, dass die Schwerkraft dran schuld ist und die Haare mitsamt ihren Wurzeln sich einfach nicht in der runden Schädelhaut halten können und langsam den Nacken herunterrutschen, bis sie auf dem Rücken wieder mehr Halt finden. Pobacken sinken, Brüste sinken, sogar das Glas in der Fensterscheibe fließt unaufhaltsam der Erde zu. Warum nicht auch Haare? Um ein Haar, besser gesagt, um Tausende, hätte ich angefangen, diesem Prozess mit Kopfständen entgegenzuwirken. Aber dann begannen mir plötzlich Haare auf dem Bauch zu wachsen, und zwar in aufsteigender Tendenz. Offenbar wanderten meine Haare planlos an meinem Körper herum. Suchen sie den Ausgang? Wollen sie einfach nur weg? Und wenn meine Haare schon nicht wissen, wo sie hingehören, wissen sie dann wenigstens, wie lang sie werden dürfen?

Es gibt ja hier und da Hinweise, dass ich einer dieser seltsamen Opas werde, die im Schwimmbecken immer so aussehen, als wären sie in einen Haufen Fadenalgen gefallen. Und was ist mit den Augenbrauen? Wieso tentakeln meine Augenbrauenhaare zentimeterlang nach außen? Sind das die katzenschnurrhaarähnlichen Sensoren, die mich altersblind davor bewahren werden, neben die Tür zu laufen?

»Das macht dann 237 Euro«, meint die Verkäuferin, nachdem sie das Basecap, den Schal, die Pilotensonnenbrille, das Hemd mit dem hohen, steifen Kragen und das langärmelige Unterhemd in die Plastiktüte auf dem Tütenblock geschoben hat. Ohne diese Umkleidekabine hätte ich nur ein T-Shirt gekauft.

Stefan Schwarz
@schwarzseher

„Der Verpackung entnehme ich, dass zwei Dominosteine jeweils eine Portion sind. Im Krieg, oder was? Am siebten Tag auf dem offenen Meer?“

Im Angesicht der Frotteezelte

Es ist ein Unterschied, ob man seiner Frau etwas schenkt, weil man sie lieben möchte, oder weil man sie liebt. Sehet, dies ist der Weg eines reifen Mannes durch die Unterwäscheabteilung des städtischen Kaufhauses im Dezember, und er wird diesmal nicht nach ein paar Schritten enden, wo die dekorativen Stücke hängen.

Nein, Selbstlosigkeit lenkt heute meine Schritte. Ich werde weitergehen, dorthin, wo die weniger anzüglichen Schlafanzüge sind. Genau in der Mitte zwischen Flittchen und Pflegeheim bleibe ich stehen. Langarm, Flanell, schwarz. Meine Frau wird begeistert sein.

Selten wird einem Mann das Glück zuteil, mit einem Weihnachtsgeschenk den Geschmack seiner Frau zu treffen. Sie wird noch denken, ich würde sie endlich kennen. Wehmütig blicke ich zurück zu den Glasnost-Leibchen, den glitzernden Nichtsen, die schon der bloße Gedanke an Lust davonblies; voll Schaudern blicke ich nach vorn, wo taubenblaue Frotteezelte auf Schläferinnen warten, die morgens erst mal zehn Minuten auf der Bettkante verschnaufen müssen. Hoffentlich altert mein Geschmack schnell genug mit.

Doch nun, mit diesem hochwertigen Flanellschlafanzug in der Hand, kann ich zur Kasse flanieren. (Ursprünglich wollte ich meiner Frau ein Spa-Wochenende schenken, aber nachdem sich im Bekanntenkreis ein Fall ereignete, wo der Ehemann sich anderweitig verjüngte, während die Gattin irgendwo in Funklochhausen hilflos eingewickelt in der Moorpackung garte, haben Kurztrip-Geschenke einen gewissen Nachgeschmack.)

Jetzt noch die Kindergeschenke, und Weihnachten ist in der Tüte. Aber das ist ja leicht. Die Trollprinzessin zum Beispiel kriegt kein neues tolles Flatrate-Handy. Manchmal sind die wichtigsten Geschenke jene, die man nicht kriegt. Und dies ist ein Nichtgeschenk der Liebe. So wird ihre Jugend noch stille Stunden und Jahreszeiten haben und nicht in einem Dauergehetze auf WhatsApp untergehen.

Der Kronsohn kriegt ganz klar ein Richtungsgeschenk. Einen Bierhelm und eine Karte für das Heavy-Metal-Festival Wacken. Es wird Zeit, dass er mal nordwestlich von Itzehoe in den Schlamm kotzt.

Ich bin ein bisschen stolz auf meine Organisiertheit. Meine Frau und ich haben ja alle Phasen des Weihnachtsschenkens durch. Die Liebespräsente der frühen Jahre, wo die Liebste noch mit spitzen Schreien Geschmeidekästlein öffnete, dann die »Aufbaujahre« mit den Anschaffungsgeschenken, wo man dem anderen genau das schenkte, was eh dran gewesen wäre (TV, Radio, Leuchten, Lampen, Sitzmöbel), dann die schwierige Zeit der Aufforderungsgeschenke (ich schenkte ihr eine Nähmaschine, worauf sie sich bei mir mit Laufschuhen »rächte«), dann das unvermeidliche Intermezzo des »Dieses Jahr schenken wir uns nichts«, das nach kleineren, vorzeitig entdeckten Pralinenkäufen regelmäßig in ein Wettrüsten des »Ich hab da doch noch was für dich!« ausartete. Doch halt.

Da steht meine Frau an der Kasse und erkundigt sich, ob sie die lustige Eiswürfelzange auch ohne die Schale bekommt. Der Verkäufer schüttelt den Kopf. Aber es gäbe noch eine andere, auch sehr schöne, die einzeln verkauft würde. »Nein, die andere geht nicht. Ich brauche diese hier mit den Gummifingern am Ende«, erklärt sie, »ich will sie meinem Mann schenken, damit er endlich mal im Parkhaus vor der Schranke an den Kartenschlitz kommt.« Liebe lässt meine Augen glitzern. Dann dreh ich mich um und habe es schon vergessen.

Halbspannende Nachmittage

Stefan Schwarz
@schwarzseher

„Ich: In dieser Stadt bin ich groß geworden.
Sie: Na ja, sagen wir mal mittelgroß.“

»Was heißt hier: Lilly ist nicht mehr deine Freundin?«, frage ich die Trollprinzessin, die an diesem frühen Sonntagnachmittag immer noch mit Kopfhörern im Bett liegt, wie es sich für eine Dreizehnjährige gehört. Wenigstens leiht sie mir ihr rechtes Ohr. Ich habe ihr gerade ein paar Freizeitangebote unterbreitet, bevor sie wegen einer Lümmel-Skoliose unvermittelbar wird. Ein Besuch bei Freundin Lilly war mit dabei. »Aber ich habe gerade ihre Eltern zu Mamas Geburtstag eingeladen«, empöre ich mich. »Wo ist das Problem?«, zuckt die Trollprinzessin mit den Schultern.

Das ist sehr wohl ein Problem, aber ich kann meiner Tochter unmöglich erklären, dass Eltern manchmal nur mit Eltern befreundet sind, weil ihre Kinder befreundet sind. Sie würde mich für bekloppt erklären, aber es ist so. Eltern sind ein bisschen die Japaner unter den Erwachsenen. Das mag eine der zehn unglücklichsten Formulierungen des Jahres sein, aber was ich damit sagen will, ist: Eltern suchen stets die Nähe anderer Eltern. Das hat einerseits mit den Themen zu tun, weil ein Satz wie »Ich finde, Holzlineale mit extra Anreißkante schmieren nicht so leicht wie einfache Plastiklineale, vor allem, wenn mit Filzstiften gearbeitet wird« von allen Nicht-Eltern nur als beliebige Lautfolge wahrgenommen wird und dementsprechend unrespondiert bleibt.

Andererseits geht unter Eltern hartnäckig die Legende um, Eltern könnten mit anderen Eltern entspannt abhängen, während die gemeinsamen Kindlein sich konfliktfrei vergnügen. (»Du, Liebtraud? Wollen wir uns da hinten am Horizont still beschäftigen?« »Au ja, Friedegunde! Lass uns am besten was mit unseren Stricklieseln stricken und dabei leise Volkslieder singen!«)

Die Wahrheit ist, dass Kinder mit anderen Kindern bei gemeinsamen Elternnachmittagen nach höchstens zehn Minuten völlig durchgeschwitzt angerannt kommen, um zu keuchen, dass eines beinahe von einem Auto angefahren worden sei, das aber Gott sei Dank noch rechtzeitig in drei andere Autos geknallt sei, oder ein Mann im Park seinen Mantel geöffnet habe, und das sei voll eklig gewesen, und der müsse jetzt gejagt und gequält werden. Was sofort dazu führt, dass sich die Eltern heimlich gegenseitig beschuldigen, Assi-Gören zu haben, die man nicht eine Sekunde von der Leine lassen kann.

Im Falle von Lillys Eltern kam dazu, dass sie beide nur so halbspannend waren und das Gespräch beim Kaffee mühsam von Hand weitergekurbelt werden musste. Aber irgendwann hatten wir uns dran gewöhnt, und Lillys halbspannende Eltern zählten zum Freundeskreis.

Und jetzt das. Halbspannende Freunde hat man nicht gern umsonst. Dürfen Eltern untereinander Schluss machen? Und wenn ja, wie? Nach dem Gefühls-Eichmaß? »Liebe Lilly-Eltern! Wir haben gedacht, es wäre Freundschaft, aber es war weniger. Ihr seid wirklich ganz sonder... äh ... wunderbare Menschen, und wir können ja auch irgendwie Bekannte bleiben. Also Grüßen auf der Straße und Nicht-vorbei-fahren-wenn-einer-von-euch-eine-Autopanne-hat, das ist alles noch drin. Für mehr hat es leider nicht gereicht.« Oder die Himmelsmacht-Variante? »Es hat nichts mit euch zu tun! Nur: Es gibt da ein anderes Elternpaar, und mit dem können wir endlich all das erleben, was uns mit euch versagt blieb.« Oder das Attest? »Tut uns leid! Aber mein Mann darf sich nicht mehr langweilen, hat sein Arzt gesagt!«

»Bleib mal cool«, beendet die Trollprinzessin die Audienz und rückt ihren rechten Kopfhörer zurück aufs Ohr, »vielleicht vertragen wir uns bis dahin ja wieder!«

»Das wäre auch wieder nicht gut!«, murre ich.

Wurstesser über fünfzig

Stefan Schwarz
@schwarzseher

„Unter ‚Einlaufkind' stellen sich Gastroenterologen wahrscheinlich was anderes vor als Fußballer."

Als es so weit ist, erhebe ich mich vom Stuhl, lege meine rechte Hand aufs Herz und rufe in eine imaginäre Ferne: »Hiermit überlasse ich der Bundesrepublik Deutschland meine Stuhlprobe zur treuhänderischen Verwaltung. Die Bundesrepublik möge meine Stuhlprobe zum Wohle der Wissenschaft nutzen und Schaden von ihr abwenden.«

Die wissenschaftliche Assistentin hat leider keine Zeit für Spaß. Sie hakt die Einverständniserklärung ab und fragt mich unter Punkt 12.3., ob mir bekannt sei, dass die Stuhlprobe nach Ablauf von fünfundzwanzig Jahren wieder zurückgefordert werden kann, von mir beziehungsweise meinen Erben. Ich bestätige dies und freue mich schon auf die Gesichter bei der Testamentseröffnung. Da werden meine Enkel Lara, Oztürk, Thao Bian und Artjom aber Augen machen.

An einer wissenschaftlichen Studie des Bundesgesundheitsministeriums zur Genese von Zivilisationskrankheiten teilzunehmen, habe ich mir schon immer gewünscht. Aber es hatte bisher nie geklappt. Ich war wohl nicht typisch genug. Lange Jahre legten Gesundheits-Statistiker meinen Meldezettel beiseite und sagten: »Nee, nee, der Schwarz hier, den lassen wir mal raus, der issen bissen speziell, den können wir nicht verallgemeinern.« Aber jetzt! Der Adelstitel! Endlich »Einer von vielen«.

Dass man zu einer repräsentativen Stichprobe gehört, verleiht ja dem eigenen Dasein beträchtlichen Glanz. Jetzt kann man leicht mal einem Spitzbuben ins Gesicht schnarren: »Was erlauben Sie sich? Ich bin offizieller Repräsentant der Fünfzig-Jahre-alten-verheirateten-selbstständigen-Männer-mit-zwei-Kindern-in-Großstädten-über-fünfhunderttausend-Einwohner, Sie Wurm!« Und mehr noch: Als ich wieder draußen unter all den anderen Repräsentativen auf der Bank sitze, ruft eine Wissenschaftlerin in den Flur: »Alle Wurstesser bitte nach Zimmer 34!« Wir Wurstesser stehen auf. Wenn man Teilnehmer der Nationalen Kohorte ist, klingt Wurstesser gar nicht mehr wie eine Vorliebe, sondern wie eine Spezial-Ausbildung. So als wäre die Menschheit in einem Krieg mit den Lebensmitteln, wo Kommandeure im Angesicht eines Metzgerladens schreien: »Wurstesser! Wir brauchen mehr Wurstesser!«

Als meine Banknachbarin kurz zuvor mit einem Blick auf meinen Fragebogen sagte: »Also, ich esse jetzt schon drei

Jahre kein Fleisch, und ich vermisse es nicht«, habe ich darum auch scheel zur Seite geguckt und nur geantwortet: »Das Fleisch vermisst Sie auch nicht.« Nichts zu vermissen ist ja das erste Anzeichen des Hirnschadens, der durch Fleischmangel ausgelöst wird.

Aber nun gucken die Grünmümmler uns bedauernd hinterher und flüstern irgendwas von »Ätsche-bätsche, Darmkrebs«. Klar, sie wollen gewinnen. Aber es ist ja noch nicht raus. Vielleicht überwiegt die wurstgestützte Lebensfreude, das Salami-Glück, immunologisch die Nachteile eines solchen Lebensstils. Außerdem wird ja jeder Zweihundertste von uns durch einen Haushaltsunfall sterben. Ich habe deswegen schon mal im Flur durchgezählt und dem Betreffenden beim Vorbeigehen zugeraunt: »Lass Fremde deine Gardinen aufhängen!«

Nach der Fettwiege muss ich zur Aktigraphenauswertung, denn schließlich habe ich sieben Tage im Dienst der Menschheit einen Bewegungsmesser am nackten Leib getragen. Und zwar ohne Pause.

»Vom Bewegungsprofil her müssten Sie eigentlich tot sein«, sagt der Mitarbeiter, der die Daten in den Computer ausliest. »Nur hier ist was«, er zeigt auf einen Zacken in der Timeline, »von 22:31 bis 22:34 Uhr. Daran sieht man, dass sie verheiratet sind.«

Frauen im Krachmacher-Alter

Ich kann nicht besonders gut pfeifen. Mein Vater konnte überhaupt nicht pfeifen, und deswegen musste ich mir das Pfeifen leider selbst beibringen. Und jetzt, wo ich Carola auf ihrem Fahrrad hinterherpfeife, merke ich mal wieder, was für eine Pfeife ich beim Pfeifen bin. Es klingt eher wie ein geplatzter Autoreifen. Kein Wunder, dass sich Carola nicht umdreht, sondern weiterradelt. Das nächste Mal werde ich lieber rufen.

»He, du bist heute morgen an mir vorbeigeradelt. Hast du meinen Pfiff nicht gehört?«, frage ich sie trotzdem eine Stunde später, als ich sie in der Kochnische unseres Büros treffe. »Doch, hab ich gehört«, sagt Carola zu meiner Verwunderung, nur um dann anzufügen: »Aber ich konnte doch nicht ahnen, dass ich gemeint war.«

Seltsame Antwort. Jedenfalls für Carola. Feministin Felicitas (»Eine Frau muss nackt und betrunken über ein Rockfestival gehen können, ohne dass jemand auch nur die Augenbrauen hebt«) würde sich schon aus Prinzip nicht umdrehen. Und die hypochondrische Christiane würde das Pfeifen wahrscheinlich für Tinnitus halten und den Arzt aufsuchen. Aber Carola? Auf dem Hollandrad und im Sommerblumenkleid? Wenn Frauen nicht mehr glauben, dass sie es sein könnten, denen man hinterherpfeift, dann ist einiges im Argen.

»Du hast Erwartungsschwund auf Grund von Beachtungsmangel«, diagnostiziere ich, »Morbus Tarnkappe. Zeig mir sofort deine Absätze!« Und tatsächlich. Sandaletten mit hohen Hacken. Klackerabsätze. Laut wie Pistolenschüsse.

Schatten auf der Frauenseele kann man leicht anhand des Kaufverhaltens erkennen. Leider werden die kostbaren Bestelldaten der Kaufhäuser und Internethändler nur für schmierigen Gruppendruck à la »Kunden, die dieses kauften, kauften auch jenes« benutzt, anstatt bei selbstwertgestörten Fehlkäufen sofort ein Fenster aufpoppen zu lassen mit der Botschaft: »Wenn Sie in Ihrem Alter glauben, diesen Lippenstift nötig zu haben, dann schauen Sie sich vorher bitte ein aktuelles Bild von Donatella Versace an!«

Und genauso verhält es sich mit Carolas Hochhackigen. »Das sind keine Schuhe, das ist eine Bitte um Aufmerksamkeit«, sage ich. Auf den ersten Blick ist Carolas Beachtungsmangel ja nicht so leicht zu erkennen. Wenn sie im Meeting spricht, hören alle Herren zu und machen sich unentwegt Notizen. Aber genau das ist das Problem. Früher machten sie sich so gut wie gar keine Notizen, sondern starrten sie nur an. Den Kugelschreiber einzig in den Händen, falls sie zufällig ihre Telefonnummer verraten sollte. Carola hasste das. Sie wollte für ihre Leistung bewundert werden, nicht für ihre braunen Augen, und auf diesbezügliche Komplimente konnte sie sehr schnippisch reagieren. Aber gut, das war leicht, als sie noch jeden Tag wie Aphrodite einem Blickebad entstieg.

»Ich muss Krach machen«, sagt Carola jetzt, »wenn du auf die fünfzig zugehst, wirst du als Frau nicht mehr registriert, wie du früher registriert wurdest, du wirst nicht mehr so angeguckt, so taxiert, so kurz und verstohlen, als würde eine halbe Sekunde länger schon die Absicht verraten. Heute wirst du nur noch gesehen wie etwas, das man eben sieht, damit man es nicht umrennt.« Die Kaffeemaschine krächzt dazu bekümmert den letzten Milchschaum auf ihren Latte. »Und? Ist das schlimm?«, frage ich. »Ich denke, das Geschmachte ging dir immer schon auf den Keks? Außerdem: Ich finde, du siehst für dein Alter noch ziemlich gut aus.«

Carola hebt die Hände mit Krallfingern, um mir zu bedeuten, dass sie mich auf der Stelle erwürgen wird, wenn ich so weiterrede. War auch dumm von mir. Noch-Sätze sind ja die Trostpreise unter den Komplimenten. Carola seufzt. »Ich habe schon überlegt, ob ich mir einen Hund zulege, damit ich noch mal so angeguckt werde. Hunde gucken immer mit hundert Prozent Aufmerksamkeit.«

»Leg dir keinen Hund zu. Es gibt Lebewesen, die dir Aufmerksamkeit schenken, ohne dass du sie alle drei Monate entwurmen musst.« Carola nickt zustimmend und schippt einen Löffel Steviapulver auf ihren Latte, um ihn traurig zu verrühren. »Du hast recht. Das ist jetzt einfach die Zeit, wo Freundinnen wichtiger werden.« »Das meinte ich nicht«, erwidere ich, »aber es ist schon bezeichnend, dass du nicht von selbst draufkommst.« Carola versucht, verwundert die Stirn zu runzeln, aber es klappt nicht richtig. Ihre Hautärztin (»Ich mach mit der Spritze das, was andere mit Photoshop machen, Liebes!«) hat ganze Arbeit geleistet. »Du solltest mit jemandem sprechen, der weiß, wie es ist, unsichtbar zu sein«, sage ich. Carola kann mir leider immer noch nicht folgen. »Ich meine deinen Mann.«

»Meinen Mann?«, fragt sie, als wäre es der Möglichkeiten letzte. »Ja, jammere ihm mal vor, dass du völlig unterbewundert bist, da freut er sich. Ich weiß, das klingt jetzt ein bisschen gemein, aber Männer empfinden tatsächlich bei den Beachtungskrisen ihrer Frauen auch Genugtuung, vielleicht sogar einen Hauch Schadenfreude. Denn Männer kennen dieses Gefühl von Unsichtbarwerden gut, sie müssen da nämlich früher durch.«

Carola nippt am Latte und macht sich aus reinem Gender-Trotz einen Milchschnauzer. »Wann soll denn das gewesen sein?« »Als du das hundertste Mal zu deinem Mann gesagt hast: ›Heute nicht, Schatz! Ich hatte echt einen schweren Tag.‹ Als er sich wieder mal vorkam wie ein Klingelputzer, der immer wieder nachfragt, ob heute oder vielleicht später die unverbindliche Gelegenheit bestünde. Also vor mindestens zehn, fünfzehn Jahren.«

Carola wischt sich den Milchbart ab und meint: »Was kann ich dafür, dass Männer Sex brauchen zum Entspannen und Frauen eben erst entspannt sein müssen, um Sex zu brauchen.«

Ich will was antworten, aber zwei Kollegen kommen vorbei, die diesen Gesprächsfetzen möglicherweise fehlinterpretieren würden. Als sie weg sind, sage ich: »Aber das war ja nicht immer so. Denk an den Anfang. Am Anfang hast du über jeden seiner Späße gelacht und jede seiner Avancen sofort erwidert. Und nach diesem Anfang sehnen sich die Männer. Die meisten Männer wollen keine neue Frau, wenn sie als verkümmerter Ehezombie am Ende der Prioritätenliste durch den Alltag schlurfen, sie wollen nur ihr alte zurück. Und jetzt, wenn dein Mann weiß, dass es dich nach ein bisschen Anerkennung als Frau und Körperlob hungert, wird er die Gelegenheit dazu wittern. Er wird sich ins Zeug legen. Glaub mir.«

Skepsis spiegelt sich im mimisch noch verfügbaren Teil von Carolas Gesicht. »Und warum sollte gerade mein Mann anders sein als die Typen, für die ich die bunte Luft neben der süßen Praktikantin bin?« »Weil dein Körper für deinen Mann einen sentimentalen Wert hat. In dir stecken ja alle Carolas von eurem Anfang bis jetzt.« Carola hat ihren Latte halb ausgetrunken, brummt etwas und setzt sich vorsichtig in Bewegung, wie jemand, der schon von Berufs wegen nicht alles glaubt, aber sich einer tiefen Wahrheit doch nicht verweigern kann. Klack, klack, klack machen ihre Alarmsandaletten. Nach ein paar Metern dreht sie sich um.

»Woher weißt du das eigentlich alles?« »Ach«, antworte ich, »meine Frau hatte das auch gerade. Seitdem ist es bei uns eigentlich ganz kuschelig!«

Kommste noch mit hoch auf einen Bandscheibenvorfall?

Stefan Schwarz
@schwarzseher

„Manchmal möchte ich, dass meine Ehe durch Produktplatzierungen unterstützt wird."

Leidenschaftliche Umarmungen, ja Umklammerungen waren lange der Schlussakkord dramatischer Romanzen, und das zu Recht. Der schnauzbärtige Gentleman, der die Dame in ihrem herzpuckernden Fischbeinkorsett endlich wie von Sinnen an sich reißt, kann seine Zuneigung gar nicht anders gestehen als in einer Art Anfall. Im quälenden Hin und Her der Handlung hat die Säge der Leidenschaft die Bande der Selbstbeherrschung endlich durchtrennt, ein scharfes Wort zerreißt jetzt den letzten Faden, und wie Fangeisen schnappen die manschettenbewehrten Arme zu. O Scarlett! O Rhett!

Leider war das Kino mit dieser soliden Auflösung, dem Lippensiegel schicksalhafter Liebe, seit etwa Ende der Sechziger nicht mehr zufriedenzustellen. Seitdem werden Frauen nach dem Kuss standardmäßig zum Stehsex an Wände geworfen, auf dass die männliche Umarmung umgehend durch die weibliche Umbeinung erwidert werde. Beispiele zu nennen ist müßig. Wer will, mag eine Stehsex-Liste auf YouTube erstellen. Sie wird kein Ende nehmen. Kein Autoren-Film, keine Fräulein-Tollpatsch-Komödie, keine noch so scharf gebügelte Anwaltsserie verzichtet heute aufs eruptive Begrüßungsrammeln in der Vertikalen, kaum dass im Plot die Wohnungstür geschlossen wurde.

Stehsex mag als filmisches Symbol irrer Leidenschaft okay sein, sieht in der Kamera auch halbwegs aus (Liegesex wirkt auf der Leinwand deutlich weniger »getrieben«), ist aber – und das verschweigen die Schauspieler – hoch unpraktisch und dem Genuss des Aktes zuwider. Als Notlösung in irischen Kneipenhinterhöfen mag es angehen. Aber der dortzulande dafür gefundene Name »knee-trembler« sollte als Warnung verstanden werden. Gerade für weniger Trainierte gilt: hartes Glied, weiche Beine oder umgekehrt.

Realistisch gesinnte Regisseure vermenschlichen Stehsex-Szenen darum gerne, indem die Geliebte auf ein Küchenbord gehievt wird, wo sie im Verlaufe der anschließenden Passion, rettungslos um Halt bemüht, die Menagerie und andere Utensilien von der Platte fegt.

IKEA meldet dazu, dass die durchschnittliche Arbeitshöhe seiner Küchenborde neunzig Zentimeter beträgt. Das sollten weniger langbeinige Liebhaber tunlichst berücksichtigen, weil es die aufgeheizte Stimmung dann doch runterkühlen kann, wenn man mit der Herzensdame auf der Hüfte absetztaugliche Möbel in Flur, Küche und Bad durchprobiert.

(Die empfohlene Reihenfolge wäre übrigens Küchenzeile, Waschmaschine, Esstisch, Couchlehne.) Dabei ist noch gar nicht die Rede vom beschränkten Anstellwinkel und mangelhafter Penetrationstiefe gewesen.

Stehsex ist und bleibt ein dem Kino entlehnter, symbolischer Geschlechtsakt für Leute, die sich gerne selbst zusehen würden, wie sie gerade wahnsinnig leidenschaftlich sind. Hinzu kommt: Die Ausfallrate beim Stehsex ist hoch. Wenn Sie es wie die Tiere treiben wollen, dann schauen Sie sich vorher eine Natur-Dokumentation an und orientieren sich an deren erprobt stabilen Positionen. Sie ersparen sich Lügen beim Physiotherapeuten!

Fürsprecher und ihre Stellvertreter

Am Tag, an dem ich seit fünfzig Jahren Geburtstag habe, waren wir des Nachmittags noch spazieren, und ich nutzte die Gelegenheit, meiner Frau zu erläutern, dass Spaziergänge in vielen Kulturen völlig unbekannt seien, zum Teil nachvollziehbar wie bei den Inuit, aber auch rätselhaft wie bei den Afroamerikanern, als wir eine Familie aus unserer Straße trafen, die erst jüngst aus dem fernen Bayern hierhergezogen war. Wir blieben stehen und talkten small, als plötzlich der gute Onkel mit mir durchging. Ich beugte mich hinunter und fragte das Kind, bis zum Brechreiz augenzwinkernd: »Und, kleiner Mann, wie geht's in der neuen Schule?«

»Ach, ich glaube, es geht ihm ganz gut«, tätschelte seine Mutter ihm den Scheitel, »er hat sich schon mit zwei Mitschülern getroffen. Die ersten Zensuren sind auch in Ordnung. Er ist ganz zufrieden.« Ich blieb nach vorn geonkelt stehen und äugte erst zur Mama und dann zum Kind. »Mama antwortet immer für mich«, sagte das Kind da. »Unser Sohn ist schon manchmal richtig genervt davon«, ergänzte der Vater, »ich hoffe, Sie sind jetzt nicht irritiert.« »Ach«, erwiderte meine Frau, »so schnell ist mein Mann nicht zu verwirren.« »Denkt meine Frau«, fügte ich an. Damit war der Zirkel geschlossen, und wir schieden unter Grüßen.

»Hast du das gemerkt, wie wir alle reihum füreinander sprachen?«, fragte ich meine Frau und erklärte, nach meiner Theorie seien Stellvertreterantworten ein häufiges und problematisches Phänomen unter Menschen, die sich nahestehen. Denn hier führe Misstrauen im Kleid der Fürsorge dem antwortenden Stellvertreter die Zunge. Furcht, der Angesprochene könne nicht schnell und bündig oder gar nicht geistreich genug antworten, also ein schlechtes Licht auf die Familie werfen, ließe den Partner oder Elternteil eingreifen. Gemessen an den vielen Stellvertreterantworten, die ich schon gehört hatte, würde ich mal schätzen, dass sich die Hälfte aller deutschen Familien untereinander peinlich sind. Das war klug gesprochen, und meine Frau lobte mich mit einem Nicken (mehr krieg ich eh nie).

Ich hatte dieses kleine Referat schon vergessen, als wir abends beim Geburtstagstrunk saßen. »Jetzt geht es bergab«, rief Vater Dinkelkeks lustig, und ich wisse schon, was er meine. »Bei Männern um die fünfzig lässt doch die Libido rapide nach, oder?« Das war eine kühn gestellte Frage. Sie erforderte Ehrlichkeit, aber auch Esprit. Ich überlegte, ob der Satz »Die Jungen rennen schneller, aber die Alten kennen die Abkürzung« hier passend wäre.

Doch gerade, als ich anheben wollte zu sprechen, antwortete Corinna. »Ach, ich denke, Stefan ist noch ganz gut unterwegs.« »Genau, das wollte ich auch gerade sagen«, mischte sich Jenny ein, »ich glaube, Stefan hat noch jede Menge Spaß am Sex.« Meine Frau runzelte jetzt die Stirn in einer Weise, dass ich es bereute, sie nicht zu Botox überredet zu haben. Ich hob noch den Finger, um anzuzeigen, dass ich für mich selbst sprechen könne, aber Daniela war schneller. »Ich meine, wenn jemand wie Stefan die Jahre über immer ein aktives, abwechslungsreiches Liebesleben hatte, dann flaut das nicht so schnell ab.« Dann erhoben alle Gott sei Dank das Glas, um auf mich anzustoßen. Meine Frau aber umfasste ihr Glas am Kelch, damit es nur »klock« und nicht »kling« machte.

Drei quälende Stunden später waren sie alle weg, und ich räumte den Tisch ab. Meine Frau stand steif daneben. »Warst du eigentlich mit deiner Stellvertreter-Antworten-Theorie schon fertig, oder hast du das Gefühl, dass da noch irgendwas fehlt? Irgendwas, was du mir sagen möchtest?«

Stefan Schwarz
@schwarzseher

„Was viele von den Jüngeren nicht mehr wissen:
Bevor Chrystal verboten wurde,
spielte sie eine Hauptrolle im Denver-Clan."

Augenfeuer

Während man als junger Mann mit einem bewusst beiläufigen, aber imposanten Kavaliersstart auf dem Motorrad das heimliche Entzücken der Damenwelt hervorrufen kann, ist einem als älterem Herrn solches leider nicht mehr möglich. Ab sechzig landet man beim Kavaliersstart nach drei Sekunden hinterradgetriebenen Kontrollverlustes im Vorgarten des Nachbarn, und ab siebzig kann schon der Versuch, auf ein Motorrad zu steigen, eine weiträumig abgesperrte Szene mit rundum blinkenden Krankenwagen auslösen. Die Gelegenheiten, die Bewunderung von Frauen zu erregen, nehmen also im Alter ab, und dies ist Teil der Depression, die Männer im Herbst des Lebens so mürrisch werden lässt.

Aber es gibt sie noch, die Anlässe für Anerkennung und Damengunst. So bemerkten meine Schwiegereltern, als sie vom Baumarkt heimkehrten, dass ihnen beim Qualitätsvergleich der siebenundzwanzig angebotenen Ranunkeltöpfe offenbar der Hausschlüssel verlustig gegangen war. Auf dem Lande eigentlich kein großes Drama, denn gerade Landbewohner der Kriegsgeneration haben immer einen kleinen Zweit-Haushalt auf dem Grundstück versteckt, für den Fall, dass Sarazenen das Dorf plündern wollen oder, schlimmer, das Finanzamt eine Steuernachforderung hat. Dazu gehört natürlich auch ein zweiter Hausschlüssel unterm Blumentopf. Ein bisschen unwirsch geworden von der Schererei, nahm mein Schwiegervater das Duplikat und nötigte es unter Flüchen ins Haustürschloss. Als sich dasselbe nicht gleich drehen wollte, versuchte es der stämmige Stammvater mit mehr Kraft. Nun mag es hochwertige Schlösser und Schlüssel geben, bei denen sich eher das Häuschen einmal um sich rum gedreht hätte, allein hier ging der Schlüssel entzwei. Schwiegermutter verfiel in Lamento. Das oft bis dauernd gefühlte Frauengefühl schlechthin, nämlich, einem Grobian und Unhold fahrlässigerweise in jungen Jahren das Ja-Wort gegeben zu haben, bedrängte sie mit aller Macht.

Da entdeckte mein Schwiegervater das angeklappte Fenster zum Hauswirtschaftsraum. Ihm fiel eine Ratgebersendung ein, in der gezeigt wurde, wie Einbrecher angeklappte Fenster zu offenen Fenstern machen. Er hatte dem seinerzeit kaum Aufmerksamkeit geschenkt, weil sie ja in einem Dorf lebten, wo etwaige Einbrecher erst mal an einem halben Dutzend Vorgarten-Omas vorbei und erklären müssten, wohin sie denn wollen und warum genau. Und Einbrecher hassen das, weil sie so schlecht im Lügen sind. Sonst wären sie ja Heiratsschwindler geworden.

Aber Schwiegervater ließ sich sein kriminelles Vorwissen aus dem Fernsehen nicht anmerken, schlurfte in den Garten, holte einen Pflanzstab, bog ihn zur Krücke um und hebelte damit das Fenster auf, als habe er sein Lebtag nichts anderes gemacht. Ein Leuchten erschien im Gesicht meiner

Schwiegermutter. Das schon lang nicht mehr gefühlte Frauengefühl, inmitten all der Nichtsnutze, Schürzenjäger und Tagediebe des Landkreises den einzigen wahren Helden und Könner herausgefunden und an sich gebunden zu haben, ließ ihr Herz freudig hüpfen.

»Nu, steige mal durch und mach uff«, brummte Schwiegervater, weil ein Mann so offenkundige Bewunderung nicht lange aushält.

Abends gab es dann zur Belohnung warm zum Abendbrot, und mein Schwiegervater kaute langsam und bedächtig und überlegte, welche Schlamassel er in Zukunft »inszenieren« könne, um sich hin und wieder an diesem »Ach, mein Männe!«-Augenfeuer seiner Gattin zu erfreuen.

Bist du jetzt wieder artig?

Das Telefon klingelt, und ich würde so gerne abheben. Aber seit Telefone nicht mehr auf Gabeln liegen, kann man nur noch mit dem Flugzeug abheben und auflegen nur noch in der Disco. Also, was mache ich, wenn das Telefon klingelt? Ich gehe ran. Wer mich auch nur ein bisschen kennt, weiß, dass dies der unpassendste Ausdruck für meine Art der Gesprächseröffnung ist. »Schwarz?« Ich melde mich immer mit der Frageform am Telefon. So als wenn ich mir nicht ganz sicher sein könne, dass ich es sei, als wäre ich nur eine von vielen Möglichkeiten.

»Ich bin's!«, sagt Mira. Sie geht davon aus, dass jeder ihre Stimme kennt. Und sie hat damit Erfolg. Ebenso wie ich meinen Kollegen Ulfi zuverlässig am obergeheimen Signum »Anonym ruft an« erkenne (er ist der einzige Mensch in Deutschland, der noch seine Rufnummer unterdrückt, er ist quasi das »Ano« unter den »Nymen«), genauso weiß ich, dass »Ich bin's« der andere Name von Mira ist.

»Gib mir mal die Trollprinzessin!« Mira duzt mich. Ich habe ihr schon ein paarmal gesagt, dass sie mich nicht duzen soll. »Hab dich nicht so!«, hat sie geantwortet. »Du duzt mich doch auch!« Als ich ihr entgegnete, dass das ja wohl was anderes sei, weil ich ein Erwachsener und ein Steuerzahler sei, sagte Mira, ich solle nicht nerven. Erst wollte ich ihren Eltern was sagen, aber diese »Ich muss mal mit Ihnen über Ihre Tochter sprechen«-Sache hat das letzte Mal 1988 funktioniert. Seit man Telefone nicht mehr abheben kann, sind Kinder auch nicht mehr ungezogen. Die halten doch mittlerweile »Artigsein« für irgendwas mit Kunst.

Außerdem kenne ich ihre Eltern. Die lachen immer. »Ja, die Mira, die hat schon ihren eigenen Kopf.« Als wenn das diesbezüglich irgendeine Tatsache von Belang wäre. Auch Hitler hatte seinen eigenen Kopf, und das war nicht zum Lachen.

Ich sage Mira, dass die Trollprinzessin nicht da ist. Sie ist beim Sport. Oder beim Klavier. Oder beim Zeichenzirkel. So genau weiß ich das nicht. Kindheit ist was für Kinder, die keine Talente haben. »Geh mal an ihre Schulmappe«, befiehlt Mira, »und guck mal im Bio-Hefter nach, da muss so was mit Chromosomen sein.« Mir fallen sofort eine Reihe von Schimpfwörtern ein, die ich seit der sechsten Klasse nicht mehr benutzt habe. Aber ich soll ja nicht nerven, und Mira ist erst dreizehn. Also gehe ich zum Schulranzen meiner Tochter.

»In der Mappe ist kein Bio-Hefter«, sage ich. »Dann such woanders. Im Regal oder so«, meint Mira, »das muss so ein Schaubild sein, was Chromosomen sind und so.« Ich gucke nach, aber finde nichts. Jetzt fängt Mira an zu heulen. Morgen ist Klassenarbeit. Und die Trollprinzessin hat als Einzige das Tafelbild abgezeichnet, während die anderen sich gerade ein neues YouTube-Video mit den Spacefrogs rumreichten. Jetzt wäre eigentlich die Gelegenheit, eine thrillermäßige Monsterlache zu lachen und »Tja, hasten Arsch gemacht, du kleine Mistkröte« durchs Telefon zu jubeln, aber auch Kleintussi-Tränen sind Tränen. Also suche ich im Internet ein leicht verständliches Chromosomenbild, versehe es mit Anmerkungen und Erklärungen und schicke es Mira. Gesamtarbeitszeit: anderthalb Stunden. (Ja, Herrgott noch mal, ich muss mir das auch erst erarbeiten.)

Als die Trollprinzessin nach Hause kommt, schimpfe ich ein bisschen mit ihr. »Wenn du schon im Unterricht aufmerksam bist und mitarbeitest, dann mach das bitte so, dass es keiner mitkriegt.«

Und dann sage ich das erste Mal den Satz, auf den der Kronsohn sein Leben lang gewartet hat: »Nimm dir mal ein Beispiel an deinem Bruder! Den hätte nie jemand wegen Schulaufgaben angerufen.«

Das Spargellied

Stefan Schwarz
@schwarzseher

„Du liebst doch Alliterationen. Kannst du dann bitte mal den Rhododendron roden?“

Es steht natürlich nicht in den Satzungen, aber die Pflege des schweinischen Liedgutes ist einer der vornehmsten und eigentlichen Zwecke jedes Kleingärtnervereins. Obst und Gemüse wachsen auch auf anderen Böden als dem städtischen Zwischennutzungsland, aber das schweinische Lied kann nur gedeihen, wenn der Kleingartenverein wenigstens einmal jährlich zum Bratwurstessen im Grill-Pavillon auf der Vereinswiese einlädt und Tante Irmgard nach dem dritten Pfeffi die Quetschkommode vor die mürbe Brust schnallt, um das »Spargellied« anzustimmen.

Das »Spargellied« handelt vordergründig vom Spargel, recht eigentlich aber von der männlichen Sprossachse und den diversen Verrichtungen an ihr, was aber nie eingestanden wird, sodass alle lauthals mitsingen können. Sogar die Kinder.

Spätestens an diesem Punkt sagt dann die aus Stuttgart zugezogene Anne-Claire zu ihrem Mann: »Holger, hol mal bitte Laura und Leander vom Kinderschminken. Wir gehen! Das muss ich mir nun wirklich nicht antun.«

Wir anderen singen derweil noch etwas inbrünstiger das »Spargellied« und haken uns sogar unter und schunkeln, weil wir wissen, dass Anne-Claire und Holger bald ihre Parzelle kündigen werden. Entweder weil Holger von seinem Autohersteller einen neuen Wirkungsbereich in Shanghai zugewiesen bekommen hat, oder weil sie endlich was »Eigenes« am Stadtrand gefunden haben, wo sie ihre diversen Unverträglichkeiten und ihr Reiz-Mind-Syndrom ausleben können.

Das schweinische Lied wirkt also läuternd und klärend auf die Kleingartengemeinschaft, an der nur starke Naturen ihre Freude haben können. Natürlich weiß ich, dass Gartenfreund Schneiderheinze nur so lange an unserem Gartenzaun stehen bleibt, weil meine Frau in lockerer Bluse gerade vornübergebeugt in den Rabatten jätet, aber er war vierzig Jahre Schweißer in einem Kranbaubetrieb und hat die Schulter kaputt, und deswegen darf er jetzt auch mal einen Herrenwitz machen, ohne dass ich ihn mit einem Hashtag versehen ins Internet stelle. (Wovon er im Übrigen wahrscheinlich gar nix mitbekäme, bis ihm sein Enkel Jason Merlin Schneiderheinze zu Weihnachten ins Ohr flüstern würde: »Opa, du warst in einem Shitstorm. Mit dreihunderttausend Dislikes. Wegen sexistischer Kackscheiße! Alle hassen dich, Opa!«)

Ein Kleingartenverein ist ein bisschen wie ein Zoo, in dem die Tiere sich selbst verwalten. Gehege grenzt an Gehege, und die Pforten sind offen, sodass die Tiere ihren Käfig verlassen und gucken können, was die anderen Arten und Rassen so treiben. Denn Kleingartenverein ist vor allem Kleingartenvergleich. Dabei gilt: Je runder der Besitzer, desto eckiger der Garten. Symmetrie ist anstrengend, und ein Bier pro abgestochener Rasenkante darf nicht als unmäßig betrachtet werden.

Denn Kleingärtnerei belohnt sich leider nicht von selbst. Wenn ich die Küche aufräume und dann verreise, finde ich bei meiner Rückkehr die Küche in ebenjenem wundervollen aufgeräumten Zustand vor, in dem ich sie verlassen habe. Anders das mühsam auf den Knien vom Giersch befreite Himbeerbeet. Schon nach zwei Tagen grünt es frech aus der Krume, als wär nie was gewesen, denn Giersch versteckt seine Wurzeln gerne in den Wurzeln von Nutzpflanzen, und man müsste sich schon vierzehn Tage Urlaub nehmen, um alle Nutzwurzler mit der Lupe im Spülbad nach Giersch-Restchen abzusuchen. Giersch jäten ist noch sinnloser als umsonst. Es ist eigentlich nur eine Übung in Ohnmacht. Eine Prise GULAG im Leben eines von Grundrechten verwöhnten Bundesbürgers. Giersch prüft dich.

Wenn ich Pfarrer wäre, würde ich predigen: »Giersch fragt nach dir. Bist du wirklich so pazifistisch, wie du dir immer versichertest? War es nicht der Giersch, der dir unlängst das Wort AUSROTTEN so süß in den Ohren klingen ließ?

Ob du wirklich so tolerant bist, wie du dich dünktest, weißt du erst, wenn du Giersch im Himbeerbeet hattest!«

Überhaupt: Wo sind die Neonazis, wenn man sie mal braucht? Die Human-Migration ist doch erfrischend und belebend gegen das, was im Pflanzenreich abläuft. Ich sage nur: Japanischer Staudenknöterich, Drüsiges Springkraut, Kanadische Goldrute. Gehört hier nicht her, vermehrt sich wie nix Gutes und will sich auch nicht integrieren. Ich hätte nichts dagegen, wenn alle paar Tage hundert Glatzen im KGV den Staudenknöterich plattmachen würden. Aber dafür sind sich die Herren Neonazis zu fein. Könnte man ja ins Schwitzen kommen!

Wir schwitzen oft, und wenn wir genug geschwitzt haben, legen wir uns in den prächtigen Schatten des Kirschbaumes, den wir gekauft haben, als unsere Tochter auf die Welt kam. Ich will es mal so formulieren: Der Kirschbaum ist schneller gewachsen als unsere Tochter. Unser Kleingarten ist eigentlich nur ein Stück Erde um einen Kirschbaum herum. Dabei habe ich ihn schon gekappt, als der Gartenvorstandsvorsitzende bei uns vorbeikam, auf den Baum zeigte, »Zu groß! Kappen!« sagte und weiterging. So ist er. Einmal kam er vorbei, zeigte auf unsere stolze Zuckerhutfichte und sagte: »Konifere! Entfernen!« Wer weiß, was er demnächst sagen wird? »Zaun! Streichen!«, »Laube! Abreißen!« oder einfach nur »Guten! Tag!«?

Als der Kirschbaum gekappt war, sah meine Frau durch den Schatten hindurch zur Spitze hinauf und meinte versonnen: »Da müsste man eigentlich ein Baumhaus draufbauen.« Es gibt ja viele Frauen, die im Schatten großer Bäume irgendwelche versonnene Sätze sagen, aber so eine Frau ist meine nicht. Ich versuchte noch einzuwenden, dass unsere Tochter mittlerweile in einem Alter ist, wo Baumhäuser nur noch zum ungestörten Kiffen benutzt werden, aber zu spät. Am nächsten Tag schleppte meine Frau Bohlen und Bretter in den Garten. Vier Wochen später hatte Leipzig ein Wahrzeichen mehr. Leipzig – die Stadt zwischen Völkerschlachtdenkmal und unserem Baumhaus.

Als der Gartenvorstandsvorsitzende vorbeikam, sagte er nichts mehr. Er starrte nur fassungslos nach oben, während seine Hände Halt am Zaun suchten. Das Problem bei unserem Baumhaus war ja nicht nur die schiere Größe oder seine erhabenen gotischen Fenster. Das Problem war, dass man von diesem Baumhaus panoptisch von oben in alle Gärten gucken konnte. Gartenfreund Helmboldt, Parzelle 35, liegt im Liegestuhl und richtet sich hingebungsvoll die Brunftkugeln: Gesehen! Gartenfreund Kehl, Parzelle 102, vergräbt alte Asbestplatten hinter der Laube. Gesehen! Gartenfreundin Pestel, Parzelle 67, schraubt ihren Wasserschlauch an den Hahn des verreisten Nachbarn. Gesehen!

Eine Gartenkolonie ist aber immer auch ein Spiel mit der nicht ganz vollständigen Einsehbarkeit. Ligusterhecken und Schilfwände schaffen natürliche Rückzugsorte für die Insassen und halten Vorbeigehende davon ab, allzu laut ihre Meinung zu sagen. Und nun: Der Sonnenfrieden war in Gefahr.

Schriftlich erging uns ein Rückbaubefehl für das Baumhaus, das meine Frau Dutzende Stunden, Hunderte Euro und eine kaputte Frontscheibe (für alle anderen: Niemals scharf bremsen, wenn man drei Meter lange Kanthölzer quer über den Vordersitz gelegt im Auto transportiert) gekostet hatte. »Sie wollen mich brechen!«, hob meine Frau mit gespenstischem Starren den Blick aus dem Brief. Das verhieß nichts Gutes. Schon ganze Staaten haben erfolglos versucht, meine Frau zu brechen, und sind daran zugrunde gegangen. Ich persönlich kann nur davon abraten. Mit Biegen habe ich ganz gute Erfahrungen gemacht, aber Brechen – ganz schlechte Idee.

Vielleicht hätte das Erlebnis mit der Kindergartengruppe, die den Gartenvorstandsvorsitzenden zufällig am Tor traf, wo sie schon eine Stunde gestanden hatte, um ihn mit glitzernden Bambi-Augen zu fragen: »Bist du der Onkel, der keine Baumhäuser mag? Warum willst du nicht, dass wir Kinder glücklich sind?«, schon genügt. Dann rief plötzlich die Zeitung zu einem Wettbewerb »Unser größtes Baumhaus« auf. Hinzu kam, dass meine Frau sich bei einigen einflussreichen älteren Gartenfreunden – sehr zum Unwillen der jeweiligen Gattinnen – zeigen ließ, wie man eine Gartenschere richtig hält, wobei sie nur Hotpants und ein durchgeschwitztes, einfach zugeknotetes Holzfällerhemd trug und alle zwei Minuten ihr seidig-duftendes Wallehaar zurückwarf. Die älteren einflussreichen Gartenfreunde kamen danach einhellig zu der Meinung, dass man eine junge Frau und Mutter nicht derart rüde behandeln dürfe. Schon gar nicht mit Hinsicht auf die hervorragende Ausführung des Baumhauses, das fachmännisch errichtet und solide verarbeitet wäre. Und wo gäbe es heute so was noch.

Ich weiß nicht mehr, wie es dazu kam, dass meine Frau gefragt wurde, ob sie nicht für den Vorstand kandidieren wolle. Aber es müssen ja auch neue Leute nachrücken. Leute mit Energie und Einfallsreichtum und guten Kontakten, Leute, die etwas vom Kleingarten verstehen und die auch mal mitsingen, wenn Tante Irmgard auf der Quetschkommode ein schweinisches Lied anstimmt.

Gewaltfrei hassen

Stefan Schwarz
@schwarzseher

„Es gibt einfach so Leute, da weiß man schon vorher, dass sie Ingmar heißen."

Pippi Langstrumpfs Traum ist wahr geworden. Wir leben in der kunterbunten Mülltonnenstraße. Montags stehen die blauen Mülltonnen auf der Straße. Dienstags die gelben. Mittwochs die schwarzen. Donnerstags die braunen. Damit die armen Müllmänner nicht so viel zu schleppen haben. In vielen Häusern macht das der Hausmeister. Aber unser Hausmeister ist immer mal ein anderer. Einmal standen sogar fünf osteuropäische Hausmeister mit einem Bolzenschneider bei uns im Keller. Nur so, um zu gucken, ob was ist. War aber nix.

Deswegen bringen bei uns die Mieter die Tonnen auf die Straße. Das ist wichtig, denn wenn die Tonne nicht geleert wurde, ist sie leider voll, und man muss den Müllsack danebenstellen. Am nächsten Morgen liegt dann alles auf dem Hof verstreut, weil Ratten und Waschbären nie so genau wissen, worauf sie Appetit haben, und sich erst mal einen

Überblick verschaffen, wenn sie einen Müllsack aufgerissen haben, um das hier mal ganz unmetaphorisch zu sagen. So auch gestern.

»Du gehst jetzt zu Doktor Fitzkötter«, sagt meine Frau denn auch wutschnaubend, während sie sich eine angeklebte, leere Wurstpackung vom Schuh zieht, »und sagst ihm, dass er wieder mal vergessen hat, die Mülltonne rauszustellen.« Doktor Fitzkötter vergisst andauernd, die Mülltonne rauszustellen. Er wohnt unter uns und betreibt in der Innenstadt eine psychotherapeutische Praxis mit Schwerpunkt Gewaltprävention. Es wird schwer werden, ihm einen Fehler nachzuweisen, selbst wenn er ihn begangen hat. Promovierte Psychologen haben ja kein Schuldbewusstsein im handlungsleitenden Sinne. Bei ihnen ist Schuld eher so ein Gedankenexperiment.

Aber ich klingele mutig und höre die gedämpften Schritte Doktor Fitzkötters auf den edlen persischen Läufern im Flur. Dann steht er vor mir. Jetzt heißt es, die Worte wählen. Mit dem herzhaften »Könnten Sie vielleicht mal die Güte haben und die Mülltonne rausstellen, wenn Sie dran sind, wie alle anderen Mieter dieses Haus auch?« lag ich letztes Mal jedenfalls voll daneben.

Doktor Fitzkötter sagte nur: »In diesem Ton lasse ich nicht mit mir reden!« Ich versuchte es eine Oktave höher, aber der Herr Tonmeister erwies sich als ironiefest. Doktor Fitzkötter erwiderte streng, solange ich derart erregt sei, müsse er leider jeden Verkehr mit mir ablehnen. Meine Antwort »Ich wünschte, ihre Mutter hätte es bei ihrem Vater auch so gehalten« bestärkte ihn nur in der Auffassung, dass jede weitere Unterredung zwecklos sei, und er schloss die Tür.

Ich bin natürlich kein Experte in Gewaltprävention, aber ich möchte es einmal so formulieren: Die erzwungene Suche nach wertschätzenden Formen der Anrede kann die Gefahr gewalttätiger Auseinandersetzungen exponentiell steigern. Sehnsucht nach dem rauen, ehrlichen Ton der Arbeiterklasse, nach proletarisch-lehrreichen »Abreibungen« in Regentonnen und Misthaufen tobte in meinem Herzen, während ich unverrichteter Dinge wieder die Treppe hinunterstiefelte.

»Ja, bitte?«, fragt jetzt Doktor Fitzkötter mit dem funkelnden Unschuldsbewusstsein eines Mannes, der entschlossen ist, so lange die Mülltonne nicht rauszustellen, bis er respektvoll, wertschätzend, ironiefrei und ehrlichen Herzens darum gebeten wird. Aber diesmal halte ich seinem Blick stand. »Jemand hat die Mülltonne, die Sie gestern rausgestellt haben, wieder reingestellt. Haben Sie eine Ahnung, wer das gewesen sein könnte?«

Für sofortige Kontrolle platzieren Sie Ihren Partner!

Sadomasochismus war lange eine sehr interessante Sache. »Shades of Grey« hat alles kaputt gemacht. Seit dem Buch / Film scheint SM nur noch wie eine Fahrt mit der Zugspitzbahn. Es gibt kein fatales Locken, keine Überwindung mehr, keinen Übertritt in ein fremdes Reich. Ganze Kohorten von Vorstadtehepaaren fragten sich plötzlich zwischen Chips und Sahnelikör vorm Heimkino: »Wenn das die Millionäre machen: Wäre das nicht auch was für uns? Wenn du eh schon an den Herd gefesselt bist, Schatz, warum nicht auch ans Bett? Und wer weiß, vielleicht ist so ein bisschen Floggerpeitschen gut gegen Cellulite?«

100 Millionen mal wurde »Shades of Grey« auf diesem kleinen Planeten verkauft. Man muss es noch mal sagen: 100 Millionen mal. So schnell hat noch nie eine erotische Spielart von pervers auf hip gewechselt. Wenn »Shades of Grey« vom Stricken statt vom Ficken gehandelt hätte, gäbe es vermutlich nur noch nackte Schafe in Neuseeland. Denn genau wie bei anderen Mega-Blockbustern begann sich sofort eine ganze Marketingindustrie um die schmerzhafte Beziehung herum aufzubauen. CDs, Parfüms, Krawatten, Kaffeetassen sowieso, aber eben auch Artikel mit mehr praktischem Bezug, als

da wären die »Shades of Grey«-Wundcreme für den rot geklatschten Wochenend-Popo nach dem Motto »Aufgegeilt – Abgeheilt« (nicht so überflüssig wie man denkt, nicht alle Büros haben Stehpulte) sowie das zehnteilige Bondage-Kit zu einem Preis, der anders als die davon Gefesselten absolut »unschlagbar« ist. Nämlich 29,99. (Wohlgemerkt: für alle wesentlichen Seile und Teile zusammen. Im Fachhandel kriegen Sie dafür nicht einmal einen einigermaßen appetitlichen Mundspreizer.) Der Grund ist natürlich »Made in China«.

Und hier beginnt das zweite, mindestens ebenso wichtige Problem des SM-Massenkonsums. Konfuses Heimwerkertum trifft unverständliche Bedienungsanleitungen.

So heißt es bei diesem China-Bondage-Set für dominante Sparfüchse zum Beispiel: Das »Querbinder-Rückhaltesystem hilft Ihnen, Ihr Partner in der Lage sind, die ihre Mobilität eingeschränkt platzieren.« Bitte? Das Helfen beim Platzieren eingeschränkter Mobilität klingt eher nach Pflegeheim denn nach rassigem Bondage. Ein paar Zeilen weiter wird ein robustes Lederband mit den Worten gepriesen: »Gibt Ihnen sofortigen Kontrolle darüber, wann und wie oft, spricht Ihre Liebhaber.« Ein Zauber-Lederband, das mir die Kontrolle darüber gibt, wann und wie oft mein(e) Liebhaber(in) spricht? Man möchte es ja nie mehr abnehmen.

Nicht zuletzt: »Sie werden lehren Sie Ihre Partner (es wird offenbar eine Mehrzahl unterstellt) die Bedeutung der Vorlage in kürzester Zeit.« Was ist gemeint? Die Lage vor der jetzigen Lage? Die Aktenwiedervorlage für bestrapste Sekretärinnen?

Egal. Niemand kommt damit klar. Das alles riecht nach erotischen Abenteuern, die beim Schlüsseldienst enden. Statt sinnlicher Erfahrungen nur die Erkenntnis, dass sich Gipskartonplatten nicht für Hängebondage eignen. Und genau deswegen hat die »Szene« recht, wenn sie die Verballhornung und Vermassung des SM-Lifestyles durch »Shades of Grey« kritisiert und benörgelt. Was die von »Shades of Grey« inspirierte SM-Vermarktungsindustrie nämlich nicht liefern kann, ist der Thrill, dazu wirklich aus dem Haus zu gehen. Ins Studio. In den Club. Weg vom Bratkartoffel-Sadomasochismus, hin zur Haute Cuisine.

Und ... läuft Ihnen schon ein Schauer den Rücken herunter? – Dann ist ja gut.

Stefan Schwarz
@schwarzseher

„Im Büro der Kirche der Heiligen der Letzten Tage steht ein Flipperautomat. Irgendwie muss man die Zeit bis dahin ja rumbringen."

Melderspechte

Dunkel. Dann ein Pilz an der Wand. Wieder dunkel. Dann ein Pilz an einem Berg. Und wieder dunkel. Ich wusste nicht, dass meine Nachttischlampe im grellen Scheinwerferlicht aussieht wie ein Pilz und mein schlaflos aufgestelltes Bein wie ein Berg daneben. Seit unser Nachbar einen Bewegungsmelder hat, weiß ich es. Bewegungsmelder dienen der Überwachung. Eine Definition von Überwachung ist, dass man zu oft wach gemacht wird.

Nach ein paar Tagen gehe ich zu meinem Nachbarn, der gerade die Türgummis seines koreanischen Möchtegern-Mittelklassewagens fettet. Wahrscheinlich weniger der Türgummis wegen, sondern eher als Gleitmittel für einen geschmeidigen Einstieg. Denn: Nachbar ist der Korpulenten einer. »Mensch«, sage ich, »ihr habt ja jetzt einen Infrarot-Melder an der Garage!«

»Das muss so«, meint der Nachbar, »damit sich kein Gesindel auf dem Hof rumtreibt.« Wer den Hof meines Nachbarn kennt, weiß, dass es zu den ödesten Dingen der Welt zählt, sich dort nachts rumzutreiben. Man könnte höchstens gegen den Betonkübel mit Geranien treten, wenn man irgendwie heiß auf gebrochene Zehen ist. Oder mit einem Löffel die festgefahrene Erde aus den Rasenkammersteinen der

Auffahrt kratzen. Aber wer Gesindel ein bisschen kennt, der weiß, dass selbst Gesindel nachts bessere Ideen hat. So hat aber der Bewegungsmelder nichts anderes zu tun, als scheinwerfergeile Waschbären zu belustigen.

Jedes Mal, wenn das Licht angeht, stöhnt meine Frau. So viel hat sie seit 1998 nicht mehr gestöhnt. Beim fünfhundertsten Pilz an der Schlafzimmerwand springe ich mit »Jetzt reicht's!« aus dem Bett. Ich hole Opas alten Knicker aus dem Schrank, schiebe einen Diabolo hinein, küsse den Lauf, wie es Scharfschützen tun, hebele den Ellenbogen in den Riemen wie der Mann, der später Lee Harvey Oswald gewesen sein soll, und werfe mich auf die Fensterbank. Dank des bundesdeutschen Waffengesetzes sind die enorm weit tragenden und beinahe schon panzerbrechenden ostdeutschen Luftgewehre mit einer Mündungsenergie von über 7,5 Joule zum Zwecke der Identitätsschonung weiterhin erlaubnisfrei zu betreiben, und das werde ich jetzt tun. Spot an!

Beim ersten und zweiten Mal platzt nur etwas Putz ab, aber beim dritten Mal verheißt ein plastizides Krachen nebst abrupter Verdunklung, dass das Auge des Überwachers erloschen ist.

Als ich am nächsten Morgen aus dem Haus gehe, steht der Nachbar vor seiner Garage und beäugt finster seinen inaktiven Außenstrahler. Ich fasse vor lauter Unschuld den Henkel meiner Aktentasche mit beiden Händen und gehe langsam schaukelnd zu ihm hinüber. »Guck dir mal diese Scheiße an«, meint der Nachbar. Klingt, als wolle er die Polizei holen.

Obwohl es noch sehr früh ist, beginne ich zu denken. Und zwar sehr. »Spechte!«, diagnostiziere ich. »Ist gar nicht so selten, dass Spechte Infrarotmelder anpicken. Sie halten sie für Glühwürmchen. Wenn man solche Spechte in der Gegend hat, kann man gar nichts machen. Klar, kannste das jetzt noch mal alles auswechseln für ein paar Hunderter. Aber die kommen immer wieder. Schade ums Geld.« Der Nachbar guckt mich skeptisch an. Dann zeigt er auf die beiden Einschusslöcher unterhalb der Lampe.

Jetzt nicht schwach werden. Es sind nur zwei kleine Kratzer. »Ganz klar ein Specht! Da hat er sich mit den Zehen in den Putz gekrallt, damit er richtig zuhacken kann. Das ist das typische Schadbild!«

Der Nachbar guckt grimmig. »Hab ich mal einen Beitrag drüber gemacht«, sage ich, ohne zu blinzeln. »Für die Abendschau. Fürs Fernsehen.«

Da erst löst sich die Miene des Nachbarn. Lang lebe der Fernsehjournalismus.

Stefan Schwarz
@schwarzseher

„Es gibt Gegenden in Deutschland, da traut man sich hitlerweile gar nicht mehr hin."

Landschaftsgenussbehindert

Ich mag die Iren. Ein liebenswertes Volk. Poetisch, musikalisch, freiheitsliebend. Vielleicht etwas zu höflich, um ehrlich zu sein. Aber egal. Ich mag auch die Irinnen. Sich an Irinnen erinnern ist für einen deutschen Mann mit Sinn für Lautgebung ein besonderes Vergnügen. Ich mag auch Gälisch, obwohl es so klingt, als hätte man eine Fischgräte im Hals. Nur Irland mag ich nicht so ganz doll. Alle halbe Stunde regnet es. Und Regenbögen gibt es. Mehr als Wolken. Ich mochte mal Regenbögen. Irland hat alles kaputt gemacht. Zwölf Regenbögen am Tag, davon dreimal Doppelregenbögen. Alle in Ultra-Color. Wenn ich heute in Deutschland einen Regenbogen sehe, so einen blass schimmernden, halb im Nichts verröchelnden, denke ich: »Na ja, netter Versuch!«

Wir waren aber in Irland wegen der Landschaft. Wir reisen eigentlich immer nur, um Landschaften zu sehen. Meine Frau genießt gern Ausblicke. Das ist nicht so einfach für mich. Denn ich bin von Geburt an landschaftsgenussbehindert. Wenn ich eine Landschaft sehe, sehe ich sie einfach. Breitet sich ein Tal vor mir aus, dann breitet es sich eben. Windet sich vor mir ein Fluss durch eine Felsenschlucht, dann windet er sich, und er wird seine Gründe haben. Ich ignoriere Landschaften nicht, aber ich kriege keine Wallungen.

»Das kommt, weil du von Bauern abstammst!«, sagt meine Frau dann, und sie hat recht. Meine Frau hingegen stammt von Brückenbauern ab, da sprudelt bei Klüften und Schluchten natürlich die Vorfreude. Aber wenn ich durch eine wild zerklüftete Landschaft gehen muss, dann denke ich nur: »Hier kann man ja nix anbauen. Die armen Menschen, die hier leben.« Hinzu kommt, dass ich von hypochondrischen Bauern abstamme, sodass mein zweiter Gedanke ist: »Wenn du hier stürzt, kommen sie wahrscheinlich nicht rechtzeitig ran, um dich zu retten.«

Aber weil ich ein guter Ehemann sein wollte, wanderten wir also klatschnass-getrocknet-klatschnass durchs irische Bergland, und meine Frau und meine Tochter sangen Lieder, während ich im Sekundentakt dachte: »Nicht stürzen. Hier können sie dich nicht retten.« Furchtsam eine Höhe erklimmen, um oben nichts zu fühlen, hat natürlich was irre Masochistisches. »Beim Versuch, sich eine Landschaft anzusehen, die ihm nix bedeutete, kam er um, weil er nicht rechtzeitig gerettet werden konnte, wie er ganz richtig befürchtet hatte«, textete ich still meine schlimmste Todesannonce.

Um es ganz laut und deutlich zu schreiben, nicht die Strapaze oder Gefahr schreckten mich ab. Es ist der fehlende Nutzen. Ich komme ja aus dem Land, wo einem das Leben nur einmal gegeben wurde (mein Großvater war ein derartiger Atheist, dass er sich lange weigerte, »Williams Christ Birne« zu trinken, weswegen wir das Mittelwort schließlich mit »Kommunist« überklebten).

Nein, ich würde ohne Zögern auch in die blutstockendsten Zonen der Anden klettern, wenn mich unten in Chile ein Mütterchen anspräche, dass ihr Sohn dort oben im Observatorium sei, um die Flugbahn eines gefährlichen Kometen zu berechnen, nur habe er seine Lesebrille vergessen, und ob ich ihm die bringen könne, denn sonst sei doch alles umsonst. »Claro que sí, estimada señora!«, würde ich sagen und die Träger meines Rucksackes straffen, damit meine Brustmuskeln besser zur Geltung kommen, nur, um eine Sekunde später zu fragen: »Aber halt mal, Alte, wo ist eigentlich die Guardia Civil mit ihren ganzen Hubschraubern und so Zeug, die das sonst in null Komma nix erledigen?«

Und die Alte würde ihre faltigen Händen ineinanderfalten und barmen: »Urlauber retten!«

Die Friedlichen und die Niedlichen

Eine verstörende Eigentümlichkeit bei über 50-Jährigen ist die Tatsache, dass man kleine Kinder plötzlich niedlich findet. Ich persönlich wurde davon völlig überrascht.

Es war jetzt nicht so, dass ich in den ersten fünfzig Jahren meines Lebens Babys hasste, aber ich konnte die Begeisterung meiner Mitmenschen für Wesen, die mutwillig mit einem Löffel auf den ihnen hingestellten Joghurt einschlagen und dazu »Babababababa« schreien, nicht ganz nachvollziehen. Hinzu kam, dass ich nicht verstand, warum Babys nicht einfach einschlafen, wenn sie müde sind, sondern rumschreien, und zwar je müder, je lauter. Wenn ich jedes Mal rumschreien würde, wenn ich müde bin, wäre ich schon aus sehr, sehr vielen Veranstaltungen gewaltsam entfernt worden und überdies chronisch heiser.

Hingegen konnte ich akzeptieren, dass Mütter ihre Babys schön finden, denn das Schöne ist ja bekanntlich nur des Schrecklichen Anfang wie Rilke sagt, und auch Hitler war mal ein Baby und wurde zu Recht dafür geliebt und geherzt, dass er noch keinen Weltkrieg angefangen hatte. Wie auch immer, ich blieb ein halbes Jahrhundert in gelassener Reserve gegenüber Babys, bis ich eines Herbsttages merkte, wie mein Blick versonnen eine Weile auf einem Einjährigen im

Buddelkasten ruhte. Und dazu dachte ich auch noch: »Was für ein putziges kleines Pausbäckchen da hinten mit seiner gestreiften Pudelmütze und seiner Plastikschaufel! Ja, mach du nur Backe-backe-Kuchen!«

Wenn man so was dreimal hintereinander gedacht hat, ist die Wahrscheinlichkeit groß, dass man zu seiner Umgebung Sätze sagt wie »Das ist ja mal ein süßer Fratz!« oder ähnlich Unreflektiertes. Kinder gegen alle Vernunft niedlich zu finden ist die erste Phase des Sterbens. Zudem ist es eine Projektion. Kleinkinder finden sich selbst nämlich nicht sonderlich niedlich. Kein Kind hat je einem Mann ans Hosenbein gegriffen und gesagt: »Guck mal, hier unten, wie niedlich ich bin!«

Hat nicht die neue Sympathie für Babys bei gereiften Männern eher damit zu tun, dass man in Kleinstkindern seine eigene Zukunft sieht, dass man also in wenigen Jahren gleich ihnen überaus froh sein wird, wenn man mit einem Löffel noch den Joghurt trifft. Oder ist es das etwas schadenfrohe, aber befreiende Bewusstsein, dass ab jetzt nur noch andere Leute Babys haben?

Sind doch die Tage vorbei, als man noch mit der selbstgemachten Stinkbombe auf dem Schoß bei der Weinprobe saß und der geladene Rieslingpapst Noten von Citrus, Aprikose und – nanu? – schlecht verdautem Möhrenbrei aus dem Glas schnüffelte. Vorbei die Abende, wo man bei Partys nicht nur irgendwie früher, sondern gleich nach der Begrüßung wieder gehen musste, weil er oder sie Koliken oder Zähne bekam. Und zwar abwechselnd, mehrere Woche hintereinander.

Vorbei der Schrecken des unerwartet scratchenden Geräusches beim mittagsschläfrigen Lauschen der Lieblingsschallplatte, das nichts anderes bedeutete, als dass der Hosenmatz sich endlich auch an der Medienbank hochziehen konnte, um sich ganz neue Welten des Herunterreißens zu erschließen.

Heißt niedlich also im Grunde nichts anderes als das reine, zu nichts verpflichtende Dasein eines Babys, das man umso lieber auf den Arm nimmt und mit dem man umso mehr nach Herzenslust schäkert, als man nach einer kurzen Weile zum Vater oder zur Mutter des Kindes sagen kann: »Hier, nimm ihn mal wieder. Er hat die Windeln voll!«

Stefan Schwarz
@schwarzseher

„Wenn du das hier lesen kannst, sind deine Eltern nicht mehr schuld an deiner Lage.“

Ex und Stopp

Zeugen ist am Anfang ganz schön, aber mittelfristig ergeben sich daraus viele Probleme. Anders beim Überzeugen. Es geht schnell, verschafft einem ebenfalls sofort ein gutes Gefühl, und man muss nicht gleich in eine größere Wohnung umziehen, wenn man mal zwei auf einmal überzeugt hat. Leider lässt sich meine Frau von mir nur sehr schwer überzeugen. Sie bezweifelt standardmäßig, was ich sage. Nicht, weil es falsch wäre, sondern vermutlich, weil sie fürchtet, in der Schatzkammer meines Kenntnisreichtums die Orientierung zu verlieren und für immer von mir abhängig zu sein. So auch bei meinem letzten Überzeugungsversuch.

Da sich meine Frau partout nicht überzeugen ließ, kramte ich ein Einstein-Zitat hervor. Einstein-Zitate sind immer super. Sie lassen sich nämlich nicht relativieren. Aber meine Frau wich dem plattmachenden Zitat elegant aus und meinte nur schnippisch: »Brauchst du jetzt schon Einstein, um deine Meinung zu vertreten? Fällt dir nicht selber was ein?« Nun ist es immer eine schlechte Idee, einem kreativ arbeitenden Mann zu unterstellen, er wäre ein ideenloser Zwerg, der bloß hinter dem Hosenbein eines Geistesriesen hervorlugt.

Ich wurde denn auch etwas »akzentuierter«, wie es mein Rechtsanwalt ausdrücken würde, machte unwillkürlich einen Schritt auf sie zu, stach mit dem Zeigefinger in die Luft vor ihrer Nase und sagte: »Jetzt hör mir mal gut zu, An…!« In diesem Moment sprang ein Gehirnpolizist mit einer großen roten »Stopp!«-Kelle vor den nächsten Konsonanten. Und hinter dem Gehirnpolizisten mit der roten Kelle zogen zwei weitere Gehirnpolizisten panisch ein Nagelbrett über die Mitte des letzten Wortes. »… An… An…«, Intervall-bremste mein Sprechapparat, aber zu spät.

Meine Frau wusste nur zu gut, dass ich sie nicht zornentbrannt als »Angebetete« oder »Angeheiratete« oder gar »anerkannte Auserwählte« ansprechen wollte. »Wolltest du mich eben mit dem Namen deiner Ex ansprechen?«, fragte sie extrascharf. Meine Frau ergänzte sogleich, wenn ich lieber mit meiner Ex streiten wolle, bräuchte ich nur durch diese Tür da gehen – und zwar für immer. Keine Frau erträgt es, auch nur eine Frau wie alle zu sein. Beim kleinsten Verdacht von Austauschbarkeit geht bei Frauen sozusagen der Auch-Melder an. Und dann brennt die Hütte.

»Ich wollte nicht«, verteidigte ich mich, »ich wurde dazu gezwungen, und zwar von der Situation!« Wenn ein Mann seine aktuelle Partnerin oder, wie ich auch gerne sage, momentane Frau mit dem Namen der Verflossenen anspricht, dann nicht, weil er sie zur Gänze verwechselt, sondern weil die Situation, in der er sich mit ihr befindet, so ungeheuer jener ähnelt, die er mit der Verflossenen erlebte. Die Situation ist sozusagen nach der Ex benannt. Der Tsukahara-Salto, verbeispielisierte ich, wurde und werde schließlich von vielen

Turnern gesprungen und sogar von etlichen, die ihn besser und kühner sprangen als Tsukahara selbst, und doch sagen wir, wenn wir einen doppelten Rückwärtssalto mit integrierter Längsachsendrehung sehen: Ah, ein Tsukahara-Salto!

Ich erklärte, dass es doch wohl ein gutes Zeichen sei, wenn mir in einer Situation, die mich zur Weißglut brächte, ihr wunderschöner Name unter keinen Umständen auf die Zunge wolle. Und dass sie stets bedenken solle, dass in anderen, nämlich besseren, weil innigeren und nächtlichen Lagen ihr Name wie von selbst ein Teil meines Atems würde, und niemals der einer anderen.

Das hemmte ihre Wut. Das überzeugte sie. Obwohl es – unter uns – ein Zitat war.

So viel ist Gebiss

Stefan Schwarz
@schwarzseher

„Most und Kost und Rost und Post sind kein Trost."

»Vater«, sage ich, »die Heimleitung ist nicht zufrieden mit dir. Du machst bei der ›Gymnastik im Sitzen‹ nie mit, und du sollst beim ›Farbenraten‹ schon mehr als einmal absichtlich die falschen Farben gerufen haben, um alle durcheinanderzubringen.«

Vater sitzt im Speisesaal des Pflegeheims und guckt betont desinteressiert. Ich mache eine große Handbewegung in den Saal hinein. »Man kann sich auch mal unterordnen, auch wenn einem eine Veranstaltung intellektuell nicht zusagt. Morgen gibt es ›Sprichwörter-Ergänzen‹. Da kannst du mal zeigen, was du draufhast.«

Vater guckt weiter unmotiviert und irgendwie schmallippig, fast schon zerknautscht. Offenbar reizt ihn auch diese Veranstaltung nicht. Na gut, es ist auch nicht ganz leicht, promovierte Schwerstgebrechliche zu amüsieren. Eigentlich lässt sich Vater sowieso nur wegen Schwester Barbara hierher rollen, die ein flotter Pfleger ist, um das mal branchengemäß auszudrücken.

Vater sagt jetzt endlich, das sei alles Pippifax und Kinkerlitzchen, da lasse er sich lieber vom MDR unterfordern, was aber eine Übersetzung ist, denn phonetisch korrekt sagt er »Daf if allef Fiffifack un Finferlitfchen!«

»Wo sind deine Zähne?«, frage ich erschrocken. Jetzt merkt er es auch. »Feck!«, zuckt Vater mit den Schultern. Ich grübele. Zählte Zähneeinsetzen zu den Extra-Leistungen im Pflegekatalog, die wir nicht dazugebucht haben? Oder wird hier geklaut?

Neben Vater sitzt ein kleiner verschrumpelter Mann, der die ganze Zeit über beide Ohren grinst. Vaters Zähne waren neu. Ich bin kurz davor, in den Saal zu rufen: »Keiner verlässt den Raum!«, wenn mir nicht im selben Moment klar würde, dass hier sowieso keiner den Raum verlässt, und selbst wenn, dann in einem Tempo, das den Namen Flucht nicht verdient.

Ich gehe zur Schwester. »Überprüfen Sie eigentlich hin und wieder die Vollständigkeit des Gesichtes Ihrer Schutzbefohlenen? Irgendjemand hat meinem Vater das Lachen gestohlen, und es war nicht der Typ von Timm Thaler!«

Die Pflegerin meint, das komme schon mal vor, dass Gebisse verloren gehen, aber wenn eins gefunden würde, werde es sofort zu den Fundstücken genommen. Sie zieht eine Schublade auf, und ein Dutzend künstlicher Gebisse lachen mich an. »Sorry, die probiere ich jetzt nicht durch!«

Die Schwester empfiehlt, noch mal in Vaters Zimmer nachzuschauen. »Manchmal tun die Senioren ihre Dritten aus Versehen in Vasen oder benutzen sie als Fensterstopper.«

Ich durchsuche das ganze Zimmer, aber nix. Als ich aus dem Zimmer zurück in den Speisesaal komme, sitzt der kleine, dünne Mann neben meinem Vater immer noch da und grinst breit. Langsam reicht es mir. »Was grinsen Sie denn die ganze Zeit so blöd!« Auch meinem Vater ist es aufgefallen. »Der frinst fon die ganfe Feit! Feltfam. Daf if fonft ein Trauerkloof!« Der Mann strahlt mich trotz der Beschimpfung an wie ein Backenhörnchen auf Speed. Die straff gezogene Mimik beginnt, mich zu irritieren. Ich hebe ihn kurz aus dem Rollstuhl, er ist leicht wie Herbstlaub, und tatsächlich, da liegt ein Satz Beißerchen auf dem Sitz. Offenbar hat sich das Greislein die ganz anders dimensionierten Zähne meines Vater eingesetzt, als dieser sie kurz draußen hatte. Ebenso gut hätte er sich eine Frisbee-Scheibe einsetzen können. Keine Ahnung, wie er das gemacht hat. Die Schwester und ich schaffen es gerade so mit zwei Suppenlöffeln, sie wieder herauszubekommen.

Dann schreibt die Pflegerin mit einem Edding den Vornamen meines Vaters auf die Vorderzähne. Jetzt kann er seinen Namen lachen. Das können nicht mal die Waldorfschüler.

Zungenkuss und Backerauchen

In der Klasse der Trollprinzessin ist der Liebeswahn ausgebrochen. 99 Prozent der WhatsApp-Kapazitäten gehen dafür drauf, darüber zu schnattern, wer in wen verliebt ist. Die Server in Kalifornien laufen heiß, während Mira der Trollprinzessin im Sekundentakt bekennt, dass sie letzte Woche noch in David verknallt war wegen dessen coolen Haarschnitts, diese Woche aber in Florian, weil der »voll süß« ist. Allein: Das Ergebnis der intensiven Recherche de l'amour auf WhatsApp ist für die Trollprinzessin nicht zufriedenstellend. Der, von dem sie hoffte, dass er in sie verknallt sei, ist es in eine andere. (Unnötig zu sagen, dass es sich dabei um eine »Bitch« handelt.)

Übellaunig latscht meine Tochter durch die Wohnung, schließt die Türen nicht mit der gewohnten Sorgfalt, übt Klavier, als wäre es ein Schlagzeug, und futtert zwischendurch löffelschaufelnd Joghurts, weil Essen das neue Heulen ist. Ich gehe in die Küche, um ein Beratungsgespräch anzubieten. Es braucht all meinen väterlichen Mut, denn die Trollprinzessin hat auch schon mal gesagt, ich solle mir meine Ratschläge fürs Totenbett aufsparen. Aber diesmal geht's.

»Ich weiß echt nicht mehr weiter«, sagt die Trollprinzessin mit einer gewissen existenziellen Verzweiflung, »Was muss ich noch tun, damit Dominik es endlich rafft?« Ich brummele irgendwas Scheinpädagogisches von »Kommt Zeit, kommt Rat«, aber das Trollfräulein hat Not. »Fünf Leute in meiner Klasse haben schon geküsst!« Und dann: »Ich kann es ihm doch nicht SAGEN?«

Niemals! Deutlichkeit ist im Liebeswerben nicht das Mittel der Wahl. Ich erinnere mich an Babette aus der Parallelklasse, die mit mir an der Essensausgabe stand und mich eines Tages mit Blick auf meinen Teller fragte: »Magst du Senfeier?« und, als ich dies verwundert bejahte, sagte: »Dann können wir uns ja später immer Senfeier machen!« Ich verrate wohl nicht zu viel, wenn ich hier durchsickern lasse, dass aus Babette und mir kein Paar wurde.

Anders war es schon mit Sandy, die ich in meinem allerletzten Ferienlager beim Backerauchen (»Milde Sorte« – wir wollten es ja nicht gleich übertreiben) kennengelernt hatte und mit der ich einen Briefwechsel anfing, unter anderem darüber, welche Popgruppe am meisten fetzt. (Nachzulesen in »Wenn du willst, finde ich ›Boney M‹ auch gut ...« – Briefwechsel von Stefan Schwarz, 14, mit Sandy Wöller, 13, nebst einer Einführung von Roger Willemsen, 1979, nur 24 Seiten, herauszugeben bei Edition Manesse, Ledereinband mit Goldschnitt, Preis: gefühlte 1200,-.)

Sie schrieb Moped mit T am Ende, aber drückte kommentarlos unter ihre Unterschrift einen mit Lippenstift eingefärbten Kussmund. Ich fiel beinahe in Ohnmacht vor lauter Aussicht. Scheiß auf Rechtschreibung, dachte ich, ich will knutschen. Und ich behielt recht. Am Montag, nachdem sie mich übers Wochenende besucht hatte, ging ich, den Ranzen lässig über die Schulter geworfen, auf den Schulhof zu meinen hühnerbrüstigen Kameraden und rief: »Hat einer von euch Handflächenschwitzern und Blassnasen schon mal mit Zunge geküsst? Nein? Aber ich! I did it. Und nicht nur das. Have a look at it!« Dann zog ich kurz den Rollkragen meines Pullovers runter und gab den Blick auf einen exzellenten, gutachtertauglichen Knutschfleck frei.

So war das damals. Ist es heute anders? Ich gucke, ob meine Frau mich hören kann. Dann sage ich etwas, was ich nie in einen Ratgeber schreiben würde, aber was mir wie die Essenz des Lebens scheint: »Macht Partys! Trinkt Alkohol! Der Rest findet sich.«

Stefan Schwarz
@schwarzseher

„Fragte mich kurz vorm Radio, was Bitch-Teller sind, bevor mir das Wort Bittsteller einfiel. Ich habe viel Umgang mit Vierzehnjährigen."

Jetzt wird geflattert

Stefan Schwarz
@schwarzseher

„Manchmal wäre ich gern Inhaber eines kleinen Ladens für Gesprächsbedarf."

Ja, hier in Schweden fliegen sie rum. Immer gleich im Dutzend. Sitzen auf den Disteln, wie von Linné vorgeschrieben. Distelfalter. Angenehm anzuschauen, eine unschuldige Prise Pracht, die Mutter Natur über die sommerlichen Wiesen streut. »Fjäril« nennt selbst der sachliche Schwede freundlich diese flatterhaften Gesellen.

»Mariposa« sagt der Spanier noch liebevoller. »Papillon« flötet der ohnehin schon effeminierte Franzose. Sogar dem fettglänzenden Butterfly des Engländers kann man noch etwas abgewinnen. Nur der Deutsche sagt Schmetterling. Wie kann man so etwas Filigranes wie dieses zart geflügelte Insekt mit dem derben Verb »schmettern« in Verbindung bringen? Auch das scheinbar verkleinernde »ling« am Ende macht es nicht besser. Die »ling«-Endung hat doch im Deutschen was entschieden Pejoratives. Winzling, Wüstling, Schreiberling, sogar dem Grünkern-Bratling merkt man noch an, dass er nur ein Bastard der edlen Familie alles Bratbaren ist. (Zu Recht wurde deswegen von Sprachsensiblen aus Flüchtlingen Geflüchtete gemacht, wenngleich man aus Schmetterlingen nicht mit demselben Erfolg Geschmetterte machen kann.)

Vielleicht leitet sich das Wort »Schmetterling« von den vielen niederschmetternden Erfahrungen ab, die brave Deutsche mit ihnen erlebten. Ich bin nämlich einer von ihnen, und ich muss es berichten: Als ich daran ging, mein prachtvolles Weib zu ehelichen, also die Hand des Rechtes auf diese Krone aller Frauen zu legen, verfiel ich auf die romantische Idee, den Bund mit ihr vor Freunden und Familie in einem Schmetterlingsgestöber zu befestigen. Wir würden uns knutschen, und Distelfalter würden um uns herumwackeln wie schwereloses Konfetti. Tolle Idee.

Ich suchte also rechtzeitig im Internet nach »Hochzeitsschmetterlingen«, und – tataa! – schon hatte ich mehrere Schmetterlingszüchter gefunden, die zu ausgesprochenen Bordellpreisen zwei Handvoll kaltgestellte Distelfalter im Kühlkarton anboten. Da bei Hochzeiten und Todesfällen aller Geiz zu schweigen hat, bestellte ich per Klick und Karte.

Es stellte sich heraus, dass die romantische Geste einer Disney-ähnlichen Schmetterlingswolke enorme logistische Anstrengungen im eh schon engen Takt der Hochzeit verlangten, denn die Schmetterlinge waren Stunden vor dem Event rechtzeitig aus dem Kälteschlaf aufzuwecken und mit Zuckerlösung zu betanken. Aber dann war die Stunde da, und knochenerweichender Klangschalenklang aus Freundeshand schwächte die Anwesenden, als ich nach der Flatterbox griff, um den Moment perfekt zu machen.

Ich öffnete den Karton unter sphärischen Klängen. Aber nichts geschah. Ich sah hinein, und zu meinem Entsetzen hockten da unten keine bunten Distelfalter, sondern zwei Schock Kohlweißlinge, alte Feinde des Pflanzenbaus. Wahrscheinlich hatte sich der osteuropäische Radebrech, der die Bestellungen an irgendeine transsylvanische Gewürmzüchterei weitergab, schlimm vertan. Egal. Jetzt wird geflattert, egal ob bunt oder weiß. Ich schüttelte also und klopfte auf dem Karton herum, aber die weißen Schädlinge krallten sich in die Pappe wie Gleisblockierer beim Castor-Transport.

Erst als ich etwas unromantisch den Kasten auf dem nahen Mauersims aufschlug, erhoben sich ein paar Kohlweißlinge träge und flatterten mürrisch hinaus zu den umliegenden Schrebergärten, um Unheil und Verderben über Brokkoli und Spitzkohl zu bringen. Zur Bekräftigung der eigenen Ehe mit viel Gewalt Schadinsekten über sächsischen Kleingärten auszustreuen hat natürlich etwas von schwarzer Messe anstelle von White Wedding. Wir alle starrten ihnen beschämt hinterher.

Und nun, hier im sonnigen Schweden, setzen sich die Distelfalter einem sogar auf den Finger, als wollten sie sagen: Romantik kommt niemals in Kühlkartons, Baby!

Die Minuten-Terrine unter den Liebesakten

Vor Jahren, als wir statt einer Katze noch einen Kater hatten, saßen wir gemütlich mit Freunden bei Kaffee und Kuchen, als eben dieser Kater mit seinem Teddy hereinkam. Er hatte den schon etwas ramponierten Plüschbären in den Fangzähnen, legte ihn schließlich für alle gut sichtbar aufs Parkett und sich selbst zurecht und begann dann, den Teddy völlig rücksichtslos zu begatten. Kuchengabeln stockten vor den Mündern.

Ich erklärte verlegen, dass ich aus einem Gefühl männlicher Solidarität heraus den Kater nur vasektomieren statt kastrieren lassen hätte und dass er als reiner Stubenkater eben immer mal wieder diese Zustände kriege, in denen er sich an seinem Teddy »verginge«. In den Augen unserer Gäste mischte sich Fassungslosigkeit mit Belustigung, aber ich meinte am Ende – obwohl es nicht sehr lange dauerte – dann doch etwas zu erkennen, das noch etwas anderes war. Nämlich – Neid.

Da rödelte einer einfach so los und hielt nicht eher an, als bis ihm die Englein um die spitzen Öhrchen flogen. Selbstsüchtiger, geradliniger Sex ist ja rar geworden in unserer Zeit. Wenn es in Filmen um die Zeit vor der unsrigen geht, werden uns immer pädagogisch wertvolle Szenen gezeigt, wo schnauzbärtige Männer auf ihre apathisch im Nachthemd ausgebreiteten Frauen robben, um nach drei Stößen fertig zu sein. Nein, ruft uns jede dieser Szenen zu, lasst uns alles dafür tun, dass der Sex nie wieder so lieblos sei wie damals.

Und das tun wir denn auch. Jede Nacht rackern sich Millionen Paare ab, um dem Partner mindestens so viel Genuss zu bereiten wie sich selbst. Ständig werden Sitz und Winkel kontrolliert, Wucht und Schwung in Sekundenschritten nachjustiert. Alles nur, um den schnöden Akt zu einem Erlebnis, mindestens aber zu einem Genuss werden zu lassen. Falls nicht, werden Schuldgefühle artikuliert wie »Tut mir wirklich leid, aber ich konnte nicht länger«. (Sie haben vermutlich nicht die leiseste Ahnung, was derart bemühte Männer in ihrem Kopf anstellen, um sich vom Zieleinlauf der Erregung abzuhalten. Bruchrechnungen und Listen ekliger Speisen werden im Geiste durchgeführt, Beerdigungsszenen und Zahnwurzeloperationen werden imaginiert, um das Plateau flach zu halten.) Oder der Mann beeilt sich im besseren Fall, schnell und artig hinterherzukommen, um seine Frau nicht unnötig während der »Abklingphase« durchrütteln zu müssen.

Auf der anderen Seite ist es nicht besser: Einer Studie zufolge stöhnen drei Viertel Frauen nur deswegen im Bett orgiastisch vor sich hin, damit er sich nicht weiter Mühe gibt und endlich kommt und Ruhe ist.

Gemeinsam ist allem das Gefühl, versagt zu haben, weil es nicht »optimal« lief. Gegen diese Verkrampft- und Verlogenheit hilft das herzerfrischende, blutdrucksenkende, schlaffördernde, weil völlig egoistische Straight Fucking. Nehmen Sie sich mal an unserem Kater ein Beispiel. Ja, Sie dürfen Ihren Teddy benutzen! Und Ihr Teddy darf Sie benutzen! Objektivieren Sie Ihren Partner mal, wie es gut-feministisch heißen würde, oder lassen Sie sich objektivieren. Es muss nicht immer das ganz große Theater der innigen Umarmung sein, und die herzenswarme Einfühlung hat sich auch mal eine Pause verdient. Manchmal steckt nur so ein Drängeln in den Kaldaunen und muss kurz rausgelassen werden.

Straight Fucking ist die Minuten-Terrine unter den Geschlechtsakten. Eine Werbepause im Fernsehen reicht, oder wenn das Kind zum Brötchenholen ist. Halten Sie sich nicht mit umständlichen Entkleidungen auf. Machen Sie den Weg frei und legen Sie los. Ab und zu ist es an der Zeit, dem Sex zu zeigen, dass er sich nicht so wichtig machen soll.

Stefan Schwarz
@schwarzseher

„Ich habe die ganze Wohnung gewienert. Sagt man noch ‚wienern'? Wienern die Wiener ihre Wohnungen? Oder ‚berlinern' sie die?"

Unfähiger Hypochonder beim Versuch, sich im Haushalt nützlich zu machen. Eine PMS-Geschichte

Als wir uns noch nicht so gut kannten, meine Frau und ich, stritten wir uns selten. Doch wir spürten schon, dass tief in unseren Persönlichkeiten ein riesiges, nie versiegendes Streitpotenzial verborgen lag, von dem endlich der Schleier einer oberflächlichen Harmonie heruntergerissen werden sollte. Jetzt, wo wir uns gut und genau kennen, können wir uns streiten, wann immer es Gelegenheit dazu gibt. Zum Beispiel über das Geschirrspüler-Einräumen.

»Der Geschirrspüler ist voll. Mehr passt nicht rein«, sage ich an jenem Abend zu meiner Frau, als sie noch irgendein Gedeck aus ihrem Arbeitszimmer in die Küche bringt. (Es soll an dieser Stelle mal verraten sein. Wir haben unsere Abeitszimmer nebeneinander. Und meine Frau telefoniert den ganzen Tag. Es ist ungefähr so, als wenn Thomas Mann den »Zauberberg« in einem Call-Center hätte schreiben müssen.) »Na, das glaube ich aber nicht«, sagt meine Frau, »lass mal sehen.«

Eine kleine Blutdruckwelle schwappt durch meine Schläfenadern. »Ich spül das schnell von Hand«, biete ich uns einen friedlichen Abend an. Aber meine Frau drängt mich zur Seite, öffnet das Gerät und ruft sofort: »Na, hier ist doch noch eine Lücke. Wusst ich doch!«

Wunderbar. Wer von uns bekommt nicht gerne Unfähigkeit in einfachen mechanischen Tätigkeiten nachgewiesen? Ich! Drum sage ich mit aller verfügbaren Pampigkeit: »Und? Geht dir jetzt einer ab? Musst du immer erst Leute schlecht machen, um dich besser zu fühlen?« »Ich mache dich doch nicht schlecht, wenn ich dir zeige, wie man den Geschirrspüler richtig füllt.« »Doch«, entgegne ich, »weil es ein Akt des Misstrauens ist. Eine gute Ehefrau hätte den Teller hier draußen abgestellt, und zwar in gutem Glauben.«

Ich weiß, was meine Frau jetzt sagt, denn wenn man sich seit zwanzig Jahren streitet, ist es ein bisschen wie gemeinsam alte Lieder singen. »Wenn ich so scheiße bin, warum bist du dann mit mir zusammen?«

Die Trollprinzessin kommt rein, prallt aber gleich wieder raus, weil sie noch Chemie lernen muss und dicke Luft nicht zu den abgefragten Reaktionsprodukten gehört. »Wenn du es genau wissen willst«, fahre ich fort, »ich habe dich geheiratet, damit du vom Markt bist und nicht anderswo Schaden anrichten kannst.« Darauf meine Frau voll Hohn: »Ja, jetzt hast du die große Klappe, aber nachts kommste wieder angekrochen von wegen ›Hilfe! Ich habe das schlimme Lidzucken!‹ (Ich habe mal eine sehr aufwendige Strichliste über meine Lidschlagfrequenz geführt, weil ich das Gefühl hatte, für einen Mann »zu viel« zu blinzeln. Frauen blinzeln häufiger, und ich fürchtete, von Östrogen-Rückständen im Trinkwasser über Gebühr verweiblicht zu werden. Keine große Sache im Leben eines Erzhypochonders. Feinfühlige

Männer fühlen eben in sich hinein, wenn sonst keiner da ist.) Aber jetzt die große Frage. Darf man intime Kenntnisse und Schwächen des Partners in einem Streit zum Rumpöbeln benutzen? Oder gibt es verschlossene Bücher, in denen man nur lesen, aber aus denen man nicht zitieren darf? Schließlich hätte meine Frau mich vor zwanzig Jahren noch nicht so qualifiziert verhöhnen können, weil sie einfach zu wenig von mir wusste.

»Jetzt bist du zu weit gegangen«, sage ich, weil es in Streits nur darum geht, den anderen dahin zu bringen, zu weit zu gehen. Streits sind die Grenzpatrouillen des seelischen Hoheitsgebietes. »Ich weiß«, sagt meine Frau, Gott sei Dank noch rechtzeitig vor der Tagesschau, »tut mir leid, die Hormone!«

»Ach, die Hormone«, seufze ich und denke, dass moderne Frauen unerträglich wären, wenn niemand die Hormone entdeckt hätte.

Kein Kuschelmuschel

Stefan Schwarz
@schwarzseher

„Die Diskuswerfer Robert Harting und Julia Fischer haben geheiratet. Der Brautstrauß wurde von einem Passanten drei Straßen weiter gefangen.“

Die Trollprinzessin reist nach Frankreich. Für zwei Monate. Auf Schüleraustausch. (Der Kronsohn sollte ja als Schüler auch ins Ausland, so war es jedenfalls der einhellige Wunsch des Lehrerkollegiums, und zwar für mindestens ein Jahr, besser zwei oder drei, am besten bis nach dem Abitur und vorzugsweise auf eine Schule in Feuerland oder auf den Kerguelen.) Wenn unsere Tochter zurückkommt, bringt sie im Austausch ihre französische Gastgeberin mit und räumt deswegen schon mal ihr Zimmer um.

»Hier«, kommt die Trollprinzessin mit einem Arm voll Kuscheltiere zu mir, »kannst du die mal bei dir in irgendeine Kiste tun?« »Ich habe keine Kiste frei«, erkläre ich. »Dann stell ich sie dir eben alle ins Fenster«, entscheidet meine Tochter genervt. Ich antworte, dass ich für meinen Geschmack eigentlich schon wunderlich genug bin und dass es womöglich sogar den Verkehrswert der ganzen Gegend senken könnte, wenn ich zusammen mit Elchi, Bärchen, Biberle, Äffchen und Streifenhörnchi und den anderen Staubfängern nachmittags aus dem Fenster gucke. Und warum überhaupt sie keine Kuscheltiere in ihrem Zimmer mehr haben will? »Was, bitte, soll meine französische Gastschülerin von mir denken, wenn sie die ganzen Kuscheltiere bei mir sieht?«

Ah ja! So wird man erwachsen. Durch Druck von außen. Erwachsensein fängt an, wenn irgendwann ein Jugendlicher glaubt, dass andere ihn auslachen würden, wenn sie wüssten, dass er noch Kuscheltiere hat. Vielleicht gibt es gar keine wirklichen Erwachsenen, vielleicht sind wir alle nur Kinder, die Angst davor haben, dass andere herausfinden, dass wir noch Kinder sind.

Wir versuchen, die Kuscheltiere in das Sockenfach vom Kleiderschrank zu quetschen, aber zwei passen partout nicht mehr rein. »Zwei Kuscheltiere darf man als Backfisch haben«, meine ich, und die Trollprinzessin sagt: »Na gut, dann aber nur Fauli, das Faultier, und Koali, den Koalabär. Weil die gleich rechts und links neben dem Kissen liegen.«

So erfahre ich nach fünfzehn Jahren, dass es eine ausgesuchte und niemals zu verändernde, ja fundamentalistische Bettliegeordnung der Kuscheltiere meiner Tochter gibt. Mir kommen bald die Tränen. Eine magische Ordnung! Und ich dachte schon, ich wäre der Einzige in dieser Familie mit einer Zwangsstörung. Ich lege beim Zubettgehen zum Beispiel erst die Uhr ab und ziehe dann die Hausschuhe aus. Wenn ich merke, dass ich die Hausschuhe schon ausgezogen habe und die Uhr noch am Arm ist, ziehe ich die Hausschuhe wieder an. (Es ist eine sehr unauffällige Störung, und ich bin froh, dass es die Hausschuhe getroffen hat und nicht, sagen wir mal, das Kondom.) Ich bin nicht religiös, aber wenn man auf der Bettkante erst die Hausschuhe auszieht und dann die Uhr ablegt, muss man sich überhaupt nicht wundern, wenn es in Italien ein Erdbeben gibt oder der Fingernagel einreißt oder alle Taxifahrer der nächsten zwei Monate Roland Kaiser mitsingen. Ich hielt das immer für ein Relikt einer Kindheitsirritation, weil mein Vater manchmal die Milch in den Kaffee goss und manchmal den Kaffee in die Milch und so offensichtlich überhaupt kein »System« hatte. Und nun das!

Aber kann man denn das Gefühl für magische Ordnungen seiner Tochter vererben? Ist es dominant oder rezessiv? War nur mein Großvater mütterlicherseits zwanghaft? Aufgeregt gehe ich zu meiner Frau, die auf ihrem Tablett eine Serie guckt (ein Satz, der vor zwanzig Jahren noch ins Irrenhaus geführt hätte). »Hör mal!«, sage ich und fläze mich neben sie, aber mein Weib meint: »Wenn es was Wichtiges ist, setz dich mal links von mir hin!«

Ja, auch Rüdiger braucht es

Stefan Schwarz
@schwarzseher

„Auf meiner neuen Pulsuhr gibt es den Menüpunkt ‚Geschlecht ändern'! So einfach geht das heute ..."

»Und dann sage ich zu ihr: Kannste mir mal einen Blasen- ...?«, erzählt Jürgen und verstummt mit feiner Kunstpause. Fünf Männer sitzen vor fünf Bierbüchsen und sehen ihn gespannt an. »... und Nieren-Tee machen?«, fährt Jürgen fort.

Buuoooah! Fünf Männer schmeißt es in die Bank, und eine Druckwelle aus Gegröle rollt aus dem Epizentrum dieses vorzüglichen Herrenwitzes über die blaue See. Dann setzen wir uns wieder auf und beulen mit »Jawoll!« unsere Bierbüchsen gegeneinander. Und so geht es in einem fort. Die studierten Frolleins könnten den #Aufschrei-Buzzer quasi gedrückt halten, wenn sie anwesend wären. Sind sie aber nicht.

Wir haben uns höflich in die ferne Karibik zurückgezogen, um ein bisschen zu segeln. Flaches Wasser, flache Witze. Wir werden uns hier zehn Tage lang von Bier, Rum und Zigarren ernähren. Und zwar in Kuba, dem Land, wo die Polizistinnen

Netzstrümpfe tragen, als wäre es Fasching in den Achtzigern. Wo die öffentlichen Versammlungen der Kommunistischen Partei mit einem Samba-Umzug enden. Niemand versteht uns hier, und wir können alles, was wir sehen, kommentieren, ohne mit Handtaschen geschlagen zu werden.

Deswegen fackeln wir uns jetzt eine Cohiba an, und ich erzähle in Ruhe endlich mal die Geschichte, wie ich in der Wohnung genau über der Emma-Redaktion übernachtete, mit einer Erektion erwachte und nackt durch die Zimmer sprang, um mit meiner Wünschelrute das ganze Haus zu verwünscheln. Tatsächlich, wurde mir später berichtet, sei die Redaktionskonferenz an jenem Morgen unkonzentriert und gereizt verlaufen. Die Chefin habe sogar eine Mitarbeiterin angeschnarrt, sie solle endlich aufhören, mit dem Kugelschreiber zu spielen, und überhaupt sollten antiphallische Texte nicht mit phallischen Objekten geschrieben werden und so weiter. Ich war jedenfalls sehr zufrieden. Morgenlatten sind ja sonst eher zu nichts nutze.

Behaglichkeit breitet sich aus auf dem Schiff. Männer-Wellness. Einige Damen daheim rümpfen jetzt vielleicht die Nasen und sagen: »Na ja, die haben's ja anscheinend nötig. Mein Rüdiger braucht so etwas nicht!« Aber da irren sie sich. Auch Rüdiger braucht es. Vielleicht sogar noch viel mehr als wir alle. Zotenreißen ist ja ein bisschen wie Rauchen. Als Alltag und Gewohnheit ist es schädlich und asozial, hin und wieder und mit Bedacht ausgeübt wirkt es entkrampfend und belebend.

Männer müssen ab und zu mal dreckige Witze machen. Männer müssen anderen Männern erzählen, welche Unterhaltungen ihnen Frauen zumuten, um dann gemeinsam zu dem Ergebnis zu kommen, das sei der typische »Weibermüll« und »Psychoscheiß«, und die wollen einen doch damit nur »provozieren« und »fertigmachen«. Dann sagt einer »ich muss mal kacken«, ein anderer geht »schiffen«, wie sowieso Männer unter sich alles mit einer gewissen maskulinen Wucht ausdrücken, weil es in der Männerwelt keine zarten Verrichtungen gibt.

Aber, liebe Gender-Professorinnen, die Angst vor Männerbündelei ist unberechtigt. Denn der Vorteil des rauen Umgangs ist, dass man nach zehn Tagen a) kein Bier, keinen Rum, keine Zigarre mehr sehen kann und b) plötzlich Lust hat, seiner »Ollen« wieder Rilke vorzulesen oder mit Kaninchenfellhandschuhen den Rücken zu massieren. Maskulinität ist kraftraubend und im Dauergebrauch auch nervtötend. Aber wer das ganze Jahr über seiner Frau verständnisvoll zugehört und seine Worte gewählt hat, darf zur Belohnung auch mal eine Woche »primitiv« sein.

Sehe ich gesprächig aus?

Stefan Schwarz
@schwarzseher

„In meinem nächsten Leben werde ich Storno-Darsteller in Lehrfilmen für den Einzelhandel."

Meine alte Kaufhalle ist abgerissen worden. Sie wollen eine neue bauen. So mit city shopping attitude und triggermäßiger convinience und allem, was die moderne Menschenviehkunde so hergibt. Wo man gar nicht mehr merkt, wenn man für hundert Euro Schokolade gekauft hat. Weil es sich »irgendwie richtig anfühlt«. Deswegen muss ich jetzt übergangsweise in den nächsten Supermarkt pilgern.

»Bring mal bitte Damenbinden mit. Die mit den Flügeln«, sagt mein Weib, um sicherzustellen, dass ich in der Schlange nicht von fremden Frauen angeflirtet werde. Das Laufband vor der Kasse funktioniert bekanntlich besser als jedes Partnerbörsen-Profil. An der Zusammensetzung der Waren auf der Gummimatte kann man zuverlässig den Charakter, die Geschichte und beruflichen Aussichten eines Mannes erkennen. Kein Candle-Light-Dinner kann da mithalten.

Vielleicht mochte ich auch das an meiner alten Kaufhalle. Da kannte mich keiner. Ich konnte Abführmittel, Kondome mit Lakritzgeschmack, Eierlikörfläschchen und Einweckgläser mit Flecke süß-sauer auf den Scanner häufen, ohne von irgendjemand Bekanntem neu »eingeordnet« zu werden. Vorbei. Der Ausweich-Supermarkt liegt in einem Viertel, wo viele Kollegen wohnen. Und tatsächlich biegt einer jener gerade mit seiner Drahtkarre um die Ecke, als ich geflügelte Sicherheit für die mittelstarken Tage aus dem Regal nehmen will.

Ich hasse flüchtige Begegnungen. Ich möchte lieber Flüchtlingen begegnen. Small Talk ist mir unangenehm. Kleine Männer müssen nicht noch kleine Gespräche führen. Schon gar nicht in der Kaufhalle.

Warum gibt es keine gesellschaftlich akzeptierten Signale, dass man nicht angesprochen werden will? So eine Art Funktionsbekleidung. Bei Laufsachen sieht jeder: Ah, der will laufen. Von einem Mann im Kampfanzug erwarten wir zu Recht, dass ein Kampf im Anzug ist. Könnte es neben ansprechender Bekleidung nicht auch so eine Art nicht-ansprechender Bekleidung geben? Also Klamotten, die jedem zeigen: Dieser Herr will nicht angesprochen werden. Außerdem bin ich hier, um das Geflügel unter den Hygieneprodukten einzukaufen, nicht, um Banalitäten zu reden.

Aber zu spät. Wir haben Blickkontakt. Wenn ich jetzt noch wegsehe und fünf Minuten Buchstabe für Buchstabe die Inhaltsstoffangabe des feuchten Toilettenpapiers studiere, wird er im Büro herumhetzen: »Neulich im Supermarkt hat er so getan, als würde er mich nicht kennen.« Aber das Gegenteil ist wahr. Auf Arbeit tue ich nur so, als würde ich ihn kennen. In Wirklichkeit kenne ich ihn gar nicht.

Doch im Supermarkt kommt man mit Ignorieren nicht sehr weit. Denn wahrscheinlich würde ich ihn in der nächsten Reihe gleich wieder treffen. Und wenn ich ihn dreimal hintereinander verleugne, kommt er sich nachher noch vor wie Jesus. Da kommt er also angeschoben. »Na, du auch hier? Was gibt's denn Schönes bei euch? O, Flugmango! Dir muss es ja gut gehen!«

Ich muss mich davon abhalten, ihn anzuranzen: Das geht dich einen Scheiß an. Und wenn ich meine Mango direkt aus der Mangolei per Weltraumrakete herüberschießen lasse. Stattdessen grinse ich gequält und gestehe, ich wolle zum Abendbrot einen Salat machen. Der Kollege nickt. »Ja, in unserem Alter muss man ein bisschen aufpassen bei der Ernährung. Man wird nicht jünger.«

»Ja, man hat's nicht leicht, aber leicht hat's einen«, talke ich, so small ich nur kann. »Wenn man morgens keine Schmerzen beim Aufstehen hat, ist man tot«, lacht der Kollege. So geht es munter weiter. Doch schließlich, als ich vor Langeweile ohnmächtig zu werden drohe, sagt er: »Na, dann. Ich muss.« Ich schnappe meinen Wagen und rase zur Kasse. Wenn ich jetzt noch mit ihm in der Schlange stehe, muss ich ihn wahrscheinlich zum Mangosalat einladen.

Zu Hause sitzt das Weib vor dem Computer und spielt »Bubble Shooter«, um die Tristesse meiner Abwesenheit zu überstehen. Als ich sie sehe, weiß ich, was ich vergessen habe, und muss noch mal los. Ja, die Liebe hat bunte Flügel, singt Carmen.

Stefan Schwarz
@schwarzseher

„Jetzt, wo ich die Zutaten dazugetan habe, frage ich mich, zu was ich sie dazugetan habe. Da war doch vorher nichts. Welträtsel Küche.“

Darmgesichter

Ich mochte die Neunziger und die Nullerjahre. Ich mochte ihre Themen. Wir saßen bei Rotwein und Gebäck und psychologisierten viel. Redeten über unsere Eltern, über unsere Kinder und – wenn sie mal kurz auf Toilette waren – sogar über unsere Partner. Warum wir sie gewählt haben. Was sie mit uns anrichten. Wie sie uns deformieren. Das war toll.

Einzig Bettina saß immer ein bisschen unbeteiligt rum. Sie hatte fürsorgliche Eltern, strebsame und höfliche Kinder und einen Mann, der ihr morgens sogar eine Schaumblüte in den Latte zauberte. Wir fühlten uns schon echt ein bisschen schlecht, weil wir so viele Probleme hatten und sie anscheinend gar keine. Aber dann schleppte Felicitas das Buch »Zwischenkind – das allzu gerade Leben der mittleren Geschwister« an, und da erkannte sich Bettina, die einen älteren und einen jüngeren Bruder hatte, endlich wieder. Als sie dann noch »Ich sollte ein Mädchen werden – Frauen berichten von einem Leben im Banne erfüllter Erwartungen« gelesen hatte, konnte sie endlich auch was beitragen. Nächtelang haben wir Geschwisterkonstellationen diskutiert. Vor allem Carola wurde völlig depressiv davon. Sie stammt aus einer Patchwork-Familie. Je nach Blickwinkel war sie die Jüngste, die Mittlere oder die Älteste.

Und heute? Wir reden übers Essen. Aber es wird noch schlimmer kommen.

»Ist da Butter drin? Oder Schmalz?«, fragt Christiane, in der Hand ein Blätterteigteilchen. Wir sehen uns an und rollen mit den Augen. Eins ist mal sicher: Wenn Christiane jetzt auch noch vegan geworden ist, ist der Trend vorbei. Christiane ist die Schlussläuferin aller Lebenstil-Innovationen. Sie hat den letzten Wackel-Elvis gekauft. Als sie sich endlich tätowieren ließ, waren andere schon wieder beim Entfernen.

»Und wenn schon«, sagt Harald, »es gab Entwarnung beim Cholesterin. Butter ist wieder unser Freund. Der verlorene Sohn. Wir sollten ›Welcome home, Butter!‹-Partys feiern.«

Hört, hört! Ausgerechnet Harald. Der seit Monaten auf dem Unverträglichkeitstrip ist. Erst war es Laktose, dann Fructose. Wahrscheinlich kommt er demnächst mit der Meldung, dass er Annerose oder Unterhose nicht verträgt. Ich glaube, er ist heimlich sogar ein bisschen froh über seine Unverträglichkeiten. Er braucht nur einmal am Party-Buffet in dieser männlich-sensiblen Art »Oh, Aprikosen, da muss ich ein bisschen vorsichtig sein« zu sagen, und schon hat er drei Damen am Arm, die Genaueres wissen wollen.

Wer aber alles verträgt, kann sich wenigstens noch absichtlich eingeschränkt ernähren. Christiane legt jetzt deswegen auch die Blätterteigteilchen zurück und sagt, dann möchte sie lieber nicht. Die armen Tiere. Ob wir wüssten ...

»Ja, wir wissen«, meint Felicitas, »was die Sojafelder mit dem Regenwald anrichten. Die Veganer sind die neuen Kommunisten. Die Monokausalen. Eines soll schuld an allem sein. Früher war es das Privateigentum, heute der Fleischverzehr.« Christiane sagt verlegen: »Aber wir müssen doch was tun!«

Felicitas erwidert, das sei typisch europäischer Größenwahnsinn. Alle Veganer Europas würden zusammen nicht so viel ausrichten wie ein verrutschtes Komma in einer chinesischen Ergänzungsbestimmung. »Man kann die Welt nicht besser kaufen«, meint sie. »Wenn du ethisch korrekt essen willst, empfehle ich dir die Beizjagd. Da jagt dir ein Falke dein Essen, und du bist fein raus.«

Harald fragt, ob das angesichts der Populationsdichte in Deutschland überhaupt machbar sei und ob 80 Millionen Falken nicht den Himmel unzulässig verdunkeln würden, aber Felicitas ist schon weiter. Denn Felicitas' eigentliches Geschäft ist der Handel mit nigelnagelneuen Überzeugungen. Sie arbeitet in einem Marktforschungsinstitut und tut immer so, als wären unsere Meinungen nur das Gestammel der Uninformierten. Sie wird uns sicher einen neuen Trend verkaufen, denn ohne Trends wäre der Kapitalismus bald am Ende. »Entscheidend ist sowieso nicht, was du isst, sondern, wie du es verdaust«, leitet Felicitas geschickt über.

Ob wir das Buch »Darmgesichter« kennen würden? »Der Darm ist unser Schicksal«, doziert sie, »ob wir dünn sind oder dick, ob traurig oder froh, alles kommt vom Darm, genauer gesagt, von der Darmflora.« Sie artikuliert das Wort so erhaben, als handele es sich bei der Darmflora um eine besonders liebe Fee aus dem Märchen. Ich muss grinsen. »Du brauchst gar nicht so zu grinsen, deine gute Laune hat gar nichts mit dir zu tun, das sind alles nur deine Darmbakterien.« Felicitas hebt die Augenbrauen und wirft einen Blick in die Runde. Am liebsten hätte sie es, wenn wir mitschrieben.

Carola wird neidisch. Und zwar auf mich. »Also echt, ich habe mich immer schon gewundert, woher du diese Frohnatur hast. Deine Darmbakterien möchte ich haben.« Felicitas erklärt uns prompt, dass man dies mit einer sogenannten Stuhl-Transplantation bewerkstelligen kann. Entweder per Nasenschlauch oder andersherum. Bettina stellt jetzt ihr Weinglas ab. Christiane entscheidet sich, heute mal gar nichts zu essen. Und Harald hat auch fertig. Nur Carola guckt mich hungrig an. Bei ihr hat Felicitas' wilde Rede schon gewirkt. Sie scheint nur noch eine Stuhl-Spende von ewigem Frohsinn und Heiterkeit entfernt.

»Jetzt mal Hand aufs Gedärm, Stefan! Könntest du dir vorstellen, Carola etwas von deiner ...«, vermittelt Felicitas. »Nein, natürlich nicht!«, antworte ich spontan. »Das wäre mir, ehrlich gesagt, zu uneigennützig. Wenn ich schon so eine tolle Darmflora habe, sollte ich sie mir patentieren lassen. Dann könnte ich aus Sch... Geld machen.« Streit kommt auf. Was ich mir einbilden würde. Christiane meint sogar, meine Darmflora sei mir von Gott verliehen worden und ich dürfe darüber nicht nach Belieben verfügen, sondern müsse sie zum Wohle der Menschen einsetzen. Harald mahnt, ich würde mit meiner Weigerung nur Begehrlichkeiten bis hin zu

Diebstahl und Raub wecken. Verschließbare Toilettendeckel wären noch das Mindeste, was auf mich zukäme.

Felicitas lehnt sich derweil zurück, isst ein Blätterteigteilchen und genießt die Diskussion. Sie hat es wieder mal geschafft. Und wenn wir jetzt alle in vier Wochen Sauerkrautsaft trinken oder uns von unseren schönsten Einläufen erzählen, dann wird sie milde lächeln und schon das nächste große Ding vorbereiten.

Junge Nasen, alte Achseln

Stefan Schwarz
@schwarzseher

„Papa macht autoritäres Training", flüstert das Kind im Nebenzimmer ins Telefon, „ich darf ihn nicht stören." Stimmt irgendwie auch.

Meine Frau hat Duftkugeln gekauft. Zum Einhängen ins Toilettenbecken. Zum ersten Mal, seit wir ein gemeinsames Badezimmer unser eigen nennen. Die Duftkugeln verleihen dem Spülwasser einen Odeur namens »Tropical Flowers«. Es ist ein bisschen so, als wenn man von oben in einen polynesischen Wasserfall kackt, obwohl man weiß, dass da unten blumenumkränzte Schönheiten baden.

Als ich meiner Frau dieses Gefühl von Irritation eingestand, erklärte sie ungerührt, es gäbe die Duftkugeln auch in »Arctic Ice«, wenn mir das lieber wäre, aber die Vorstellung, mein Geschäft über einer Gletscherspalte zu verrichten, während im Schneetreiben die Augen eines Eisbären hungrig blinzeln, schien mir das Problem nicht zu lösen. Ich kann mir nicht helfen, aber irgendwie mag ich Geruchshilfen nicht. Woher, fragte ich mich, kommt das, dass man mit zunehmendem Alter (nebenbei ein Begriff, der zwei problematische Prozesse in einer Redewendung vereint) das Bedürfnis nach olfaktorischer Überdeckung verspürt? Und ist dieses Bedürfnis überhaupt legitim? Sind all die Duftkugeln und Duftbäume, die Duftspender und Erfrischer nicht peinlich und lächerlich?

Die Antwort schloss pünktlich um zwölf Uhr mittags die Tür auf. Der Kronsohn kam zum Sonntagsbratenabfassen und, um neues Panzerband aus meinem wohlsortierten Werkzeugkasten zu klauen. Wenn irgendwas in seinem Haushalt kaputtgeht, würde er nie etwas neu kaufen oder sachgemäß reparieren. Das würde ja heißen, dass er sich da »einrichten« will, wo er gerade haust. Das wäre schade um die Zeit und das Geld. Solange man die Nudeln in dem Topf mit den Panzerband-Henkeln und den Kaffee in der gesprungenen, aber mit Panzerband wohlfeil geflickten Kanne kochen kann und der mit Panzerband umwickelte Abfluss nicht mehr tropft, gibt es überhaupt keinen Grund, das Computerspielen für mehr als zehn Minuten zu unterbrechen.

»Ich warte nur noch darauf, dass du deine Haare mit Panzerband zusammenklebst, damit sie dir nicht ins Gesicht fallen«, sagte ich, weil ich der Fips Sarkasmussen unter den Vätern bin. »Schau mich an«, setzte ich noch einen hinterher, »bin ich jemals so ungepflegt herumgelaufen?« (Die Antwort wäre ehrlicherweise ein klares Ja, aber hey, das war weit vor seiner Zeit und geht ihn gar nüscht an.)

Der Kronsohn zuckte mit den Schultern. »Ich muss nicht gepflegt sein. Ich bin jung«, sprach er voll eitler Jungmännlichkeit. »Wenn ich drei Tage nicht geduscht habe, rieche ich bloß markant. Wenn du drei Tage nicht duschst, holen die Nachbarn die Polizei, um deine Tür aufzubrechen.«

Das war hart. Aber sei's drum. Söhne, die ihre Väter auch mal herzhaft beleidigen durften, weinen später am Grab ehrlicher als die, die immer nur vor Ehrfurcht den Kopf gesenkt hielten. Doch in diesem Moment, wo Männerstolz und Vaterliebe miteinander rangen, fiel mir des Duftkugelkaufens Rätsels Lösung ein. Sie war edel und im Geiste Darwins.

»Du hast recht«, sagte ich dem Stammhalter, »wir älteren Männer don't smell like teen spirit. We smell like alter Sack. Jedoch: Wir tun es für euch. Welches Mädchen würde denn mit jungen Burschen ins Bett gehen wollen, wenn die lebenserfahrenen, kenntnisreichen, einfühlsamen und nicht zuletzt vermögenden Männer auch noch gut riechen würden? So gehe denn hin, mit deinem markanten Achselschweiß, und nutze die Jahre!«

Der King vom Aufenthaltsraum

»Also, ich finde das nicht mehr lustig«, erklärt meine Schwester am Telefon, »er soll es ja bequem haben, aber es gibt auch so etwas wie die Würde des Alters.« Meine Schwester ist die Oberbevollmächtigte für alle Vorsorgeangelegenheiten unseres Vaters, und ich bin nur der Unterbevollmächtigte. Wenn also die Oberbevollmächtigte was zu sagen hat, dann hat der Unterbevollmächtigte zuzuhören und sich bei Bedarf Notizen zu machen. Und hier geht es um das Ansehen der Familie!

Der Tatbestand: Unter schamloser Ausnutzung seiner verbliebenen Rechte, nämlich des sogenannten Taschengeldkontos, hat Vater sich beim Shopping im Pflegeheim krass ultra-sportive Klamotten gekauft und sieht jetzt aus wie ein Gangsta-Rapper. Will er Schwester Barbara beeindrucken, die an mehreren sichtbaren und mutmaßlich auch anderen Stellen überaus reich tätowiert ist? Was wird sein nächster Streich sein? Eine Dollarkette bei Ebay kaufen? Sich die Dritten mit Kristallbrillanten bekleben lassen?

»Das muss aufhören«, befindet meine Schwester. »Das fängt gerade erst an«, sage ich. Ich kenne meinen Vater. Er hatte schon früh einen Hang zur Baseball-Mütze, der von den Anzugspflichten seiner Zeit nur knapp im Zaum gehalten wurde. Jetzt, wo er als Witwer das erste Mal im Leben selber einkaufen darf, schlägt sein »Bro' In Da Hood«-Spirit voll durch. Mein Vater kommt von ganz unten, aus dem Ghetto sozusagen. Der ist mit Holzpantinen zur Schule. Der darf das.

Wir sind an einem schwierigen Punkt angekommen. Gibt es die Würde des Alters? Und ist mein Vater da nicht schon drüber weg? Natürlich ist es herrlich, einen silberweißen Senioren mit Frack und Stock ins Opernhaus schreiten zu sehen, aber wenn man Pflegestufe 3 +++ hat und die Tage zwischen Liegesitz und Sitzliege in zauberberghaftem Gleichmaß vorübergehen, ist die Würde einer bürgerlichen Anzugsordnung völlig verzichtbar. Und wenn er sich beim Etagenverkauf am Mittwoch zwischen einem Sweatshirt in halbtotem Grau und einem knalligen Hoodie der Boston Red Socks entscheiden muss, weiß Vater, dass er den Chabos im Aufenthaltsraum zeigen wird, wer der Babo ist. »Das ist rausgeschmissenes Geld«, sagt meine Schwester, »wozu, bitte, braucht er eine Kapuze? Er kann sie sich nicht mal selber überziehen.«

Ja, es ist rausgeschmissenes Geld, aber wozu ist das Geld im Alter da, wenn nicht, um rausgeschmissen zu werden? Und meine Schwester kann noch froh sein, dass er das Geld nur in Klamotten steckt. Ich an seiner Stelle würde im örtlichen Freudenhaus anrufen (lassen) und ein, zwei voll korrekte Bitches ordern, sofern es der Sparkassenauszug nur irgendwie zulässt. Vater muss keine Rücksichten mehr nehmen. Weil Vater nicht mehr wie früher den Jeschken im

Sudetenland hochlaufen kann, mach ich es wie jeden Sommer für ihn, trinke ein paar Liter tschechisches Bier für ihn und mache ein paar Fotos von der Neiße, in die er im Winter hineingerodelt ist und beinahe unters Eis gezogen worden wäre, womit seine, meine und die Geschichte meiner Schwestern sich um ein Haar erledigt hätte, bevor sie überhaupt begann, und dann besuche ich ihn.

Er liegt im Red-Sox-Hoodie auf dem Bett und guckt Fernsehen. Es ist kurz nach vier am Nachmittag, und im MDR werden nach Vaters Angaben nur »ausgemachte Kasperköppe« interviewt. Ich zeige ihm die Fotos und lobe seinen Modegeschmack. Aber Vater ist unzufrieden mit seiner neuen Freiheit. »So geht das nicht weiter«, meint er, »ich glaube, ich muss noch mal heiraten!«

Hansi, die Schlauchposaune

Stefan Schwarz
@schwarzseher

„Mein Opa war auf der Geige ein ausgemachter Spirituose."

»Ich glaube, Hans-Dieter klaut unser Regenwasser«, sagt meine Frau, und ich sage: »Ach, Quatsch.« Meine Frau ist ein bisschen besitzorientiert und hat auch schon mal gedroht, zur Polizei zu gehen, wenn ich ihr noch einmal nachts die Decke klaue. Aber nun bringt sie mich um die Ecke unseres Gartenhäuschens, wo die Regentonne steht, und tatsächlich: Sie ist so gut wie leer, obwohl es vor fünf Tagen drei Tage lang geregnet hat. Kann nicht sein. Ich sehe nach, ob sie undicht ist, oder die Regenrinne. Aber nein, alles bestens.

Verstörung fröstelt mich an. Nicht, dass wir des Regenwassers nicht entbehren könnten (nehmt das, ihr Schlichtsprachler), aber Verbrechen so weit unterhalb der Geringfügkeit machen mich immer etwas misanthropisch. Ein vom Nachbarn Regenwasser klauender Affe soll nun die Krone der Evolution sein! Mit demselben Recht könnte ein schwarz gekleideter Meisterdieb sich vom Hubschrauber abseilen und bei uns durch das Küchenfenster einsteigen, um unseren alten Wischlappen zu stehlen, auf dass er seinen eigenen Tisch damit finster hohnlachend, weil »umsonst« abwischen könne.

Warum hat er nicht das Frischwasser aus unserem Wasserhahn zwei Meter weiter links gestohlen? Hatte er Bedenken, dass wir täglich die Stände der Wasseruhr notieren? (Wir tun es nicht. Wir haben nur ein Leben.) Glaubte er, dass wir wie Frösche im aufheizenden Kochtopf die schleichende Entnahme aus der Regentonne nicht »wahrnehmen« können? (Freunde von uns haben eine Putzfrau, die sie verdächtigten, sich am häuslichen Whiskey zu erfrischen. Sie brachten also Füllstandsmarkierungen am Etikett an, und die wundervolle Perle war so ohne Schuldbewusstsein, dass sie nach jedem erfolgtem Trunk eine neue Markierung setzte. Kann man so jemandem böse sein?)

Was nun? »Na ja, lass ihn!«, sage ich in göttlicher Geberlaune, denn es ist ja irgendwo auch unser aller Regenwasser, aber meine Frau ist dagegen. Aus Prinzip, und eigentlich liebe ich sie dafür, denn ich habe ja auch Zustände, wo es hilfreich ist, wenn sie wenigstens noch »aus Prinzip« bei mir bleibt. Meine Frau will sich auf die Lauer legen. Als Buchsbaum verkleidet oder so. Dann will sie aufspringen und »Was machen Sie da!« schreien, während unser Nachbar Hans-Dieter gerade mit dem Schlauch am Mund in unsere Tonne rüsseln will.

Das sollte reichen, um dem Spuk ein Ende zu machen. Aber was, wenn er es abstreitet und behauptet, er wolle gar nicht unser Regenwasser abzutschen, sondern probe hier hinten nur für einen Auftritt als Musikclown, in welchem er mit einem Wasserschlauch Lieder trompetet? Was, wenn meine Frau ihn da beim Wort nähme und ihn gleich für das Schulfest buchen täte? Was, wenn er sich nun im heimischen Keller unter vielen Flüchen das Musizieren auf einem Wasserschlauch beibrächte, schließlich aber großen Erfolg auf dem Schulfest hätte, ein Mann vom Fernsehen ihn ansprechen täte und am Ende eine Weltkarriere als »Hansi – die Schlauchposaune!« stünde? Wäre das nicht ein Beispiel, wie kriminelle Energie nur ein stilles Flehen um Bedeutung und sozialen Aufstieg ist? Würde das unsere Sicht auf die vielen jungen fremden Männer ändern? Möglicherweise.

Doch leider kam Hans-Dieter in diesem Moment seinen ordentlich gefliesten Gartenweg hinunter, grüßte uns so verschämt, dass wir fast schon sicher waren, den Dieb zu kennen, und sagte: »Nicht, dasser euch wundert. Ich bin gestern beim Laubestreichen vonner Leiter runter und bei euch inne Tonne gerutscht.«

Lass uns lieber morgen!

Liebe junge Menschen! Es kommt das Alter, wo ein Mann sich entscheiden muss, ob er lieber noch lesen möchte oder Sex haben will.

Hey, werdet ihr fragen, warum soll man denn nicht erst ein paar Seiten lesen und dann Sex haben können? Oder lesen, Sex haben, wieder lesen, erneut Sex haben, die ganze Nacht durch. Nun: Ich hätte euch eine Antwort darauf geben können, wenn mir nicht justament das Buch auf die Brust gesunken wäre und mein letzter Gedanke, dass rein zur Pflege der Statistik jetzt mal wieder was im Bett passieren müsste, im Dunkel des Schlummers versunken wäre. (Das ist etwas paradox, denn eigentlich müssten die jungen Menschen, die noch alles vor sich haben, die Sache mit dem Sex vor sich her schieben. Wir hingegen, denen die Sonne des Lebens über den Zenit gewandert ist, sollten selbst geringste Gelegenheiten nicht versäumen.)

Doch dann machte es brumm-brumm auf dem Nachttisch meiner Frau, zum Zeichen, dass zu dieser späten Stunde eine Nachricht auf ihrem Handy eingegangen sei. Ich hob a weng schwach das Lid vom linken Auge und gab einen nicht weiter artikulierten Fragelaut von mir. Meine Frau spähte durch ihre Lesebrille aufs Handy und sagte: »Ach, nichts!«

Zack, war ich wach. Ich kenne das Nichts. Ich habe mehrere philosophische Abhandlungen über das Nichts gelesen. Nichts schickt um diese Zeit keine Botschaften! Ich warf mich über meine Frau zum Nachttisch hin und konnte gerade noch, ehe sie das Handy ausschaltete, die Nachricht: »Schluckauf?? Musste gerade an dich denken! Dein H.« lesen. Meine Frau stöhnte und erklärte, ihr alter Schulfreund Holger schicke ihr seit dem letzten Klassentreffen immer mal Nachrichten. Sie könne nichts dagegen tun.

O doch, meinte ich. Wenn man sich mit Spanx und Bangs und heißem Fummel sonder wie hermacht, bevor man zum Klassentreffen aufs Dorf fährt, dann ist es nicht weiter verwunderlich, dass alte Freunde ihre Gattenwahl bereuen und zur Heimfahrt Peter Cornelius' Schmachtfetzen aufs Armaturenbrett sabbern: »Komm, wir streichen (in diesem Falle immerhin satte fünfunddreißig) Jahr', holn jetzt alles nach, als ob dazwischen einfach nix war …« Und ihm dann noch die Handynummer zu geben, wäre ja ihrerseits mindestens Begünstigung solch vollständiger emotionaler Vertrottelung.

Was ist das, das Männer auf Klassentreffen auf den Gedanken kommen lässt, man hätte es mit seiner Jugendliebe damals nur zufällig vergeigt und könne jetzt wieder nahtlos daran anschließen? Mit Textnachrichten, wie früher mit Zettelchen unter der Bank? Und dann dieser Schluckauf-Gag. Wie jemand, der mit zwölf von der Flirtschule abgegangen ist.

»Gib mal her!«, sagte ich, »ich texte dem jetzt mal Bescheid! Dass deine von den Krallen der Zeit unberührte

Ausstrahlung und Wunderschönheit sich der guten Pflege verdankt, die dir dein Ehemann angedeihen lässt. Und dass seine verkümmerte Alte noch genauso blühen täte, wenn er sich der männlichen Aufgabe stellen würde, sein eigen Weib zu nähren, zu ehren und zum Tanz auszuführen, anstatt Frauen nachzutrauern, für die er weder das Format noch die Nerven hat.«

Was Männer im Klassentreffen-Reuemodus übrigens regelmäßig übersehen würden, wäre, dass es damals nicht wegen etwaiger Missverständnisse auseinanderging, sondern weil es das noch nicht gewesen sein konnte. Und wenn er schon immer so in dich verliebt gewesen wäre, wie er jetzt tut, hätte er sich ja bereithalten können, wie ich zum Beispiel, der ich mir Körbe bei meiner Frau geholt habe wie so ein polnischer Erdbeerpflücker.

»Reg dich nicht auf«, sagte meine Frau, »da ist echt nichts.« Und irgendwie fand ich meine Frau jetzt, wo sich jemand anderes um sie bemühte, gleich doppelt nett und robbte unter charmantem Ächzen hinüber.

» ... und hatte ihn also verstanden«, wie Brecht einmal schrieb.

Geisterfahrt

»Ich war in Berlin«, sagt Vater und legt zufrieden seine Hände auf der Bettdecke ineinander. »Ich war auch schon mal in Berlin«, ergänze ich, weil es mich freut, wenn wir was gemeinsam haben. »Gestern«, sagt Vater weiter. Ich gucke etwas irritiert, aber Vater sieht mich mit fröhlicher Selbstverständlichkeit an. »Gestern?«, frage ich völlig verdattert. Meines Wissens ist Vater gestern ausgiebig operiert worden. Und zwar in diesem Krankenhaus, in dem ich jetzt an seinem Bett sitze.

»Wie sollst du denn dahin gekommen sein?«

»Na, mit dem Auto«, erklärt Vater ungerührt. »Und wer ist gefahren?«, frage ich noch sinnloserweise, obwohl mir schon etwas anders wird. »Na ich! Wer soll denn sonst fahren! Stell dich doch nicht so blöd an, Junge!«, schimpft Vater. Ich stehe auf und sehe an seinem Tropf nach, ob die CIA hier irgendwelche LSD-Experimente mit polymorbiden Senioren macht. Im Tropf ist aber nur isotonische Kochsalzlösung.

Meine Schwester hätte jetzt meinen Vater gerüttelt und geschüttelt und gerufen: »Vater, wach auf. Du bist seit drei Jahren bettlägerig. Du kannst nicht mehr Auto fahren. Das bildest du dir alles ein.« Aber so bin ich nicht. Ich habe Respekt vor Wahnvorstellungen. Denn mit ausreichend Abstand betrachtet, bilden wir uns alle nur was ein. Und solange es genügend Menschen gibt, die sich in etwa dasselbe einbilden, fällt uns das auch gar nicht auf. Man nennt es Kultur, und die wird wie irre verteidigt.

»Und was hast du in Berlin gemacht?«, setze ich zögerlich das Gespräch fort. »Ich war zur Sitzung. Ich musste doch die Rede halten«, fährt Vater begeistert fort. »Und soll ich dir was sagen? Ich habe frei gesprochen. Zum ersten Mal. Eine Stunde lang. Du hättst die sehen sollen. Mucksmäuschenstill waren sie alle.« Ich setze mich wieder zu Vater ans Bett, tätschele seine Hand und meine ein bisschen weh im Herzen: »Haste fein gemacht!«

Einerseits bin ich in Sorge, dass unkonzentrierte Jungärzte meinen Vati obenrum kaputt narkotisiert haben, andererseits bin ich froh, dass er endlich mal eine Rede gehalten hat, ohne vom Blatt lesen zu müssen. Auch wenn es nur in seinem Kopf stattgefunden hat. Im Grunde seines Herzens ist er nämlich schüchtern, der Vati, und die freie Rede war noch so ein Strich auf der Bucket-List.

Ein unerwartet kompetent wirkender Jungarzt kommt herein und fragt ihn nach seinem Befinden. »Es tut mir leid. Ich werde alt. Mein Erinnerungsvermögen lässt nach«, sagt Vater zum Doktor. »Hier kommen ständig Leute rein, die wissen alle, wie ich heiße, aber ich kann mich partout nicht erinnern, die schon mal gesehen zu haben. Und wer Sie sind, weiß ich auch nicht.«

»Das hat damit zu tun, dass Sie in einem Krankenhaus sind und Ihr Name für alle lesbar an Ihrem Bett steht.« Dann dreht er den Tropf ein bisschen weiter auf. »Ach sooo! Deswegen!«, kehrt Vater tröpfchenweise in die Wirklichkeit zurück, als wäre sein Geist in dieser Flasche gewesen. »Was habe ich denn?«

»Jetzt nichts mehr«, sagt der Doktor. Als wir draußen auf dem Flur stehen, entschuldigt sich der Doktor, mein Vater wäre ein bisschen dehydriert gewesen, und das führe bisweilen zu Verwirrtheit. »Haben Sie mal trotzdem lieber ein Auge auf ihn«, sage ich, »seine Mutter, meine Oma, war im hohem Alter auch so. Die vergaß manchmal nachts, dass sie nicht mehr gehen konnte und stieg aus dem Bett und ging schnurstracks aufs Klo. Ohne Rollator.«

Der Doktor lacht und sagt, das hätte er noch nie gehört. Wir verabschieden uns, und als ich an der Tür bin, drehe ich mich noch mal um und sehe ihn stehen, wie er in seinen Kitteltaschen etwas sucht. – Bitte, lass es nicht den Autoschlüssel sein!

Volkswagen Sie es nicht, mich anzusprechen!

Stefan Schwarz
@schwarzseher

„Klingeling. ›Wir würden gern mit Ihnen über Jesus reden!‹ ›Was hat er denn nun schon wieder angestellt?‹ Weg waren sie."

»Waren Sie mit der Reparatur Ihres Wagens zufrieden oder äußerst zufrieden?« fragte der Mann vom telefonischen VW-Kundenbefragungsservice.

»Ich war zufrieden«, antwortete ich, »bis eben.« »Bis eben?«, erkundigte sich der VW-Kundenbefrager irritiert.

»Ja, bis eben. Ich habe bis eben gedacht, dass es nur zufriedene oder unzufriedene Kunden gibt. Ich wusste nicht, dass Zufriedenheit selbst noch Steigerungen und Unterteilungen kennt.«

»Warum nicht?« erklärte der Kundenberater. »Nehmen wir mal an, Sie hätten ein leckeres Essen gehabt und wären satt. Dann kommt der Kellner und fragt Sie, ob Sie noch Appetit auf was Süßes haben. Sie merken, ja, eine Kleinigkeit würde die Mahlzeit abrunden. Sie bestellen also eine Nachspeise und sind dann nicht mehr nur satt, sondern rundum satt. Und so ist es auch mit der Kundenzufriedenheit.«

»Wenn ich aber noch was Süßes esse nach dem Hauptgang, bin ich nicht rundum satt, sondern bin ich pappsatt. In Ihren Worten wäre ich demnach pappzufrieden. Ich könnte sozusagen nicht mehr vor Zufriedenheit.«

»Ja, so könnte man den Begriff ›äußerst zufrieden‹ vielleicht umschreiben.«

»Ich sitze also in meinem reparierten Auto und krieg den Zündschlüssel nicht mehr rum vor Zufriedenheit. Leute gehen vorbei, sehen mich völlig paralysiert vor Zufriedenheit im Fahrersitz hocken und fragen, ob sie mir helfen können. Und ich winke ab, denn ich möchte eigentlich nur noch zufrieden gelassen werden.«

»Gut, hören Sie, wenn Sie mit dem Vergleich zum Essen nicht klarkommen, dann stellen Sie sich doch einfach Zufriedenheit als romantische Befriedigung vor. Da gibt es doch auch einfache und dann aber wieder besonders beglückende Glückserlebnisse. Zum Beispiel, zu zweit vor einem Sonnenuntergang, wenn alles einfach perfekt ist.«

»Sie wollen mich also fragen, ob ich immer wieder gerne an die Reparatur meines Autos zurückdenke, mir seufzend Bilder vom Autohaus angucke und schließlich eines Tages zu meiner Frau sage: ›Weißt du noch, wie wundervoll das war, als sie bei der Durchsicht unseres Wagens auch gleich noch die Scheibenwischer ausgetauscht haben?‹ Und meine Frau sagt: ›Ja, das war herrlich. Das werde ich nie vergessen!

Und die kostenlose Innenraumreinigung war einfach der Hammer!‹ Bis ich plötzlich aufspringe und rufe: ›Weißt du was? Lass uns unser Auto einfach morgen noch einmal zur Durchsicht bringen. Ich weiß, es ist erst in einem Jahr wieder dran. Aber egal. Das haben wir uns einfach verdient.‹ Im Grunde fragen Sie mich doch, ob ich es nicht viel schöner finde, mein Auto reparieren zu lassen, als damit herumzufahren?«

»Nein, das meinte ich nicht. Ich meinte mit »äußerster Zufriedenheit« nur, dass bei Ihnen keine Wünsche mehr offen geblieben sind.«

»Ich habe mein Auto aber nicht beim lieben Gott in die Werkstatt gegeben. In Ihrem Sinne wäre äußerste Zufriedenheit nämlich so was wie eine nicht mehr zu überbietende Zufriedenheit, eine Zufriedenheit, die am Ende des lichten Tunnels alles Wünschbaren auf einen wartet, eine kosmische Zufriedenheit, die einem das Herausfahren des Wagens aus der Werkstatt wie einen Raketenstart in eine willentlich nicht mehr zu kontrollierende Verzückung erscheinen lässt. Drogen, Macht, Liebe – das alles würde winzig und klein vor der äußersten Kundenzufriedenheit eines VW-Kunden. Und selbstverständlich wäre dies eine Zufriedenheit, die mit dem begrenzten Wortschatz eines Menschen nicht mehr zu beschreiben ist. Ich kann Ihnen also auf Ihre Frage weder mit Ja noch mit Nein antworten. Alles, was ich bei bloßer Erwähnung äußerster Kundenzufriedenheit tun kann, ist stöhnen. Hören Sie mich also stöhnen und ziehen Sie Ihre eigenen Schlüsse daraus.«

»Da haben Sie mich wohl missverstanden«, zügelte der Mann vom telefonischen Kundenbefragungsservice seine aufkommenden Aggressionen, während das Geräusch zerknüllten Papiers von seinem Schreibtisch ins Telefon drang, »ich wollte Sie lediglich bitten, die Gefühle hinsichtlich Ihrer Zufriedenheit mit unseren Dienstleistungen ein wenig zu spezifizieren, damit wir noch besser auf Ihre Wünsche eingehen können.«

»Da gibt es nichts zu spezifizieren. Meine Erwartungen waren digital, nicht analog. Es ging hier nur um null oder eins. An oder aus. Ich wollte eine Reparatur. Ich bekam eine Reparatur. Dessen bin ich nun zufrieden. Mir scheint aber mittlerweile, der durch Sie vertretene Volkswagen-Konzern hat völlig falsche Vorstellungen vom Wesen der Wünsche. Das Leben wäre äußerst einfach, wenn Wünsche dem Menschen klar und deutlich vor Augen lägen, so wie, nehmen wir mal an, Buntstifte in einer Schublade. Man bräuchte nur noch die Menschen nach ihren Wünschen zu fragen, und alles wäre bestens. Ich bin jedoch seit mehr als einem halben Jahrhundert auf dieser Erde unterwegs, und ich muss Ihnen sagen, dass mir Wünsche eher zuliefen wie herrenlose Katzen. Manchmal saß ich wunschlos glücklich in einem Café, und dann ging ein Mann in einer bestimmten Hose vorbei, und ich dachte, wow, die will ich auch. Verstehen Sie, was ich meine? Oder ein anderes, vielleicht stärkeres Beispiel. Untersuchungen haben ergeben, dass Menschen beim Reinigen des Ohrinnenraums mit einem

Tupfer eine Art erotischen Kitzel empfinden, um es nicht gleich Ohrgasmus zu nennen ...«

»Dieses Gespräch wird übrigens mitgeschnitten. Ich wollte es nur noch mal gesagt haben«, hasste der Kundenbefrager in mein Ohr. Aber ich ließ mich nicht beirren. »Ich bin mir sehr sicher, dass es sich lohnen würde, Menschen zwischen Oberlausitz und Unterfranken auf die Möglichkeit erotischer Stimulierung durch Ohrtupfer hinzuweisen. Niemand braucht einen Ohrvibrator, bis er einen gereicht bekommt. Verstehen Sie, was ich meine?«

»Sie meinen also, unsere Aufgabe als Autohaus wäre es, ungefragt Serviceleistungen anzubieten, die das Äquivalent zusätzlicher erotischer Stimulation bei der Ohrinnenraumreinigung darstellen?«

»Richtig. Die Frage muss also nicht lauten: ›Waren Sie äußerst zufrieden?‹, was – wie wir beide mittlerweile herausgearbeitet haben – eine völlig bekloppte Frage ist, sondern: Gab es etwas, was Sie besonders zufrieden machte?«

»Gut«, seufzte der Mann entnervt und holte raschelnd ein neues Bewertungspapier hervor, »gab es etwas, was Sie besonders zufrieden machte?«

»Ja, die Art und Weise, wie Sie hier mitgemacht haben und meiner Argumentation gefolgt sind. Das nötigt mir Respekt ab. Ich wollte, meine Frau würde mir einmal so aufmerksam zuhören, wie Sie es in den letzten zehn Minuten getan haben.«

»Dann zahlen Sie ihr doch ein Gehalt. Ich bin mir sicher, für eine gewisse Aufwandsentschädigung würde sich Ihre Frau mehrmals am Tag nach Ihrer Zufriedenheit erkundigen.«

»Was bekommen Sie eigentlich im Monat?«

»Eintausendzweihundert Euro!«

»Dafür macht die das niemals.«

Stefan Schwarz
@schwarzseher

„Heinz Rudolf Kunze hat beim MDR-Schlagerabend in der Stadthalle Suhl am Ende nicht mitgeschunkelt. Immer noch der alte Rebell."

Na, wer bist du denn?

Heiko, mein Freund seit Kindertagen, begrüßte mich in der Tür mit einem Kind auf dem Arm. Ich wusste schon, dass er sich im fortgeschrittenen Alter noch einmal zu einem mehrjährigen Schlafentzug nebst drastischer Wortschatzreduzierung entschlossen hatte und sich jetzt wahnsinnig freute, mal wieder ein paar Nebensätze sprechen zu können.

Wie es in solchen Fällen angezeigt ist, wendete ich mich zuerst dem holden Knaben zu, schüttelte sein Patschehändchen und sprach ihn gekonnt auf Kleinkindisch an. »Na, wer bist DU denn? Na, wer BIST du denn?« Doch je mehr ich fragte, umso mehr grübelte ich erschüttert, warum Heiko es nicht selber sah. Das Kind hatte schwarze Locken, dunkle Augen und war auch sonst eher Milchkaffee. Heiko und seine Neue waren nordisch-blond bis nordisch-grau.

»Ach«, klagte ich im Geiste, »so muss mein guter Heiko als Hahnrei die Frucht der Untreue einer jungen, hormonell noch nicht gefestigten Frau auf seinen alten Armen tragen.« Doch da erschien ein zweites Kind mit tapsigen Schritten im Flur. Sonnenfarbenes Haar auf dem Kopf und ein Heiko en miniature. »Das hier ist Luca, mein Enkelsohn«, ließ Heiko das Kind auf dem Arm hopsen, »und das da unten ist Elias, mein Sohn!«

Die nur von wenigen Ausnahmegestalten (wie mir) bezwingbare Naturgewalt der männlichen Midlife-Crisis hat dazu geführt, dass es in meinem Freundeskreis immer mehr Großväter-Väter gibt. Männer, die mit ihrer zweiten Frau genau dann ein neues Kind bekommen, wenn das alte, naturgemäß schon erwachsene Kind, das sie mit ihrer ersten Frau haben, ebenfalls eins zeugt. Großväter-Väter sind sich selbst eine kleine Verlegenheit, weil sie ihre Begeisterung über die neuen Erdenbürger in zwei verschiedenen Rollen ausdrücken müssen. Einerseits in silberhaarig-gemütlichem Wohlwollen, sofern es sich um den Enkel handelt, andererseits in betont altersloser Agilität und frischväterlicher Zuwendung, sofern es den neuen Sohn betrifft.

Heiko wollte nun seinen Enkel Luca absetzen, doch der weigerte sich, während sein Sohn Elias jetzt ebenfalls begehrte, getragen zu werden. Die Kinder greinten, Heiko stöhnte, aber vielleicht war es auch nur das Geräusch, das seine mürben Bandscheiben machten.

»Ich muss ja auch ab und zu meinen Enkel nehmen«, meinte Heiko, »aber dann ist hier nur Streit im Haus.« Denn das eigentliche Problem vieler Großväter-Väter ist die Entwertung der Onkelposition, die die fatale Gleichaltrigkeit von Enkel und neuem Kind mit sich bringt. Onkel sollten stets ein offenes Ohr und ein zugedrücktes Auge haben, aber nicht im selben Sandkasten spielen. Onkel sollten sich nicht mit ihren Neffen um Plastikautos streiten oder ihnen die Schippe auf die Fontanelle hauen. Onkel sollten Neffen nicht mit Windpocken anstecken, und Onkel sollten nicht losplärren, bloß weil ihr Neffe eher auf dem Bobbycar saß. Im schlimmsten Fall ist der Onkel sogar noch einige Jahre jünger und kann seinem Neffen auch deswegen das Fahrradfahren nicht beibringen, weil er so ein kompliziertes Wort noch nicht aussprechen kann.

Auch der Familienrat, dieses letzte Mittel, um aus der Spur geratene Zwölfjährige zu zähmen, verliert seine Wucht, wenn neben Mutter und Vater ein kleiner Onkel im Stimmbruch sitzt und bei Sätzen wie »Ich sehe das ganz genauso wie deine Eltern!« versucht, ernst zu bleiben.

»Du hättest deiner Tochter den Kinderwunsch fürs Erste ausreden müssen«, sagte ich. »Für Zweitfamilien gilt: erst der Onkel, dann der Enkel!«

Trauer sucht Frau

Ich muss endlich das Wintergrab machen. Tannenzweige mit Gesteck kaufen, ein Licht aufstellen. Manchmal kann ich meine Mutter hören, wie sie seufzt: »Ach, wie mein Grab wieder aussieht! Wenn man nicht alles selber macht!« Ich wurde schon mal von einer sehr irritierten, vorbei prozessierenden Trauergesellschaft ertappt, wie ich nach einer Bepflanzung laut zum Grabstein sagte: »Und? Biste jetzt zufrieden?«

Ich hatte ja keine Ahnung vom Friedhofswesen, bis mich der glückliche Lebenslauf (Glück ist ja in letzter Hand, dass alle in der richtigen Reihenfolge sterben) als Grabgärtner des Muttergrabes einsetzte. Seitdem habe ich gut zu tun. Es ist ja nicht nur der subtile Druck, der von der vorwurfsvoll raschelnden Asche meiner Mutter ausgeht, es ist vor allem das benachbarte Grab von Ingeborg K., das neben der mütterlichen Grabstelle vor sich hin protzt und prunkt.

Fuchsien, Begonien, Zwergrosen, Phlox in zu Ornamenten geschnittenem Sternmoos, eskortiert von Silbergras und Efeu, dazu noch Sträuße aus Lilien in extra Vasen. Das Grab von Ingeborg K. sieht aus wie das Gewinnergrab aus »Trauer sucht Frau«!

Dagegen komme ich mir im Sommer mit meinen fünf Studentenblumen wie ein hartherziger Mickerling, ein Ebenezar Scrooge der Mutterliebe vor. Was hatte diese Frau, dass eine Schar begnadeter Floristen sich an ihrem Grab austobt?

Vielleicht ist es gar nicht vordergründig Verwandtenliebe, sondern nur die übersprudelnde Freude, dass sie endlich verstorben ist. Ingeborg K. wurde immerhin 97 Jahre alt. Und Uraltwerden ist für die Angehörigen manchmal eine große Verlegenheit. Man will ja auch mal abschließen. Wir dürfen nicht vergessen, dass viele Paare oft nur angeblich wegen der Kinder, in Wirklichkeit aber wegen der Eltern zusammenbleiben. Vieles, was man im Leben noch tun will, wie die Mitgliedschaft in einer Motorrad-Lesben-Gang oder ein Spinnennetz-Tattoo auf der linken Gesichtshälfte, schiebt man auf, weil man es »Mutter nicht antun will« oder es »Vati umbringen würde«. Vor dem Hintergrund solch kindlicher Rücksichten ist Uraltwerden auch so was wie ein aggressiver Akt.

Was ich auch erst weiß, seit ich ein Grab zu pflegen habe, ist, dass Witwen sich eines erquicklichen, post-sexuellen Lebens erfreuen, in der sie auf die Jahre des Geschlechtsverkehrs zurückblicken wie auf eine Phase, die man eben durchstehen muss, wenn man später in Ruhe mit Uschi und Rosi Kaffee trinken will.

Einmal, als ich die Mutti gießen wollte, standen nämlich drei alte sächsische Omis mit ihren Gießkannen am Wasserhahn und unterhielten sich in aller Seelenruhe über die Libido ihrer verblichenen Männer und wie lange das gedauert hat, »bis dos beim Manfred endlisch nachließ«. Es fielen Sätze wie: »Es ging scho gor ni mehr richtsch, aber er wollte noch«, eine sagte gar, sie habe zu ihrem immer wieder andrängenden Ullrich ein »Machtwort« sprechen müssen.

Bis sie endlich meiner Person gewahr wurden. Ich hatte erwartet, dass sie schamhaft die Köpfe senken würden, aber sie sahen mich mit dem unerschütterlichen Selbstbewusstsein der Langzeitüberlebenden an. Ihr Blick hieß: Da kommstu o no hin, du Schniepel!!

Ich grüßte freundlich und ließ das Wasser extra stark in die Gießkanne laufen. Weiberhass belebte mich, als ich wieder heimging. Ich überlegte grimmig, ob ich das posthume Lob unserer ehelichen Beiwohnung in mein Testament schreiben lassen solle, kaufte dann aber doch lieber Blumen in der Kaufhalle.

Es ist doch gut, wenn man weiß, was Frauen wirklich vermissen werden.

Meine Pflanze

Wenn man über Paare in der Krise spricht, kommt die Rede schnell auf Trennendes. Also so zerstörerische Angewohnheiten wie Im-Schlaf-Frauennamen-Rufen oder den Toaster auf Stufe 4 stellen anstatt auf 3, wie Gott es gewollt hat.

Nie redet jemand über schon immer Getrenntes. Dinge, die gemeinsam sein sollten, aber es aus rätselhaften Gründen nie wurden. Getrennte Konten zum Beispiel, wo man erst nach dem Ableben des Partners erfährt, dass er zeitlebens eine rumänische Hundepension quasi komplett finanzierte oder sie sich 1992 ein süßes Stupsnäschen operieren ließ, was endlich erklärt, warum die Kinder allesamt wie Baba Jaga ausschauen.

Wir zum Beispiel haben getrennte Bücher. Wenn wir in den gemeinsamen Urlaub fahren und es mich nach leichter Kost gelüstet, muss ich mich vor der Entnahme eines Krimis bei meiner Frau melden und Erlaubnis einholen. Es ist ein formaler Akt, der trotz einhundertprozentiger Genehmigungssicherheit nicht übersprungen werden darf, da meine Frau sich sonst fühlt, als hätten nordafrikanische Intensivleser ihr Bücherregal silvestert.

Das eigentliche Problem aber ist: Wir haben auch getrennte Pflanzen, und meine Frau sagt abends gerne: »Übrigens, ich habe deine Pflanze mitgegossen!« Getrennte Pflanzen in einer auf ein Vierteljahrhundert zugehenden Partnerschaft sind sehr selten und künden vom fanatischen Abgrenzungswillen eines Menschen, der mit zwei Geschwistern in einem Zimmer aufwuchs.

Fakt ist: Meine Frau möchte nicht mit meiner schnöden Spatiphyllum cannifollium in einen Blumentopf geworfen werden. Ich habe die Pflanze zur Luftverbesserung in meinem Arbeitszimmer angeschafft, und meine Frau meinte damals nur: »Herrgott, wer's braucht ...« Sie selbst besitzt eine Reihe absonderlicher Gewächse wie den Bleistiftstrauch und eine sogenannte Geldpflanze aus der Gattung der Kanonierblumen, die ihren Namen nicht umsonst trägt, und wenn ich eines Tages von Samenkapseln erschossen in der Küche liege, wird meine Frau sich unangenehme Fragen zu den Hintergründen dieser Zimmerbepflanzung gefallen lassen müssen. Das größte Ärgernis ist aber eine monsterhafte Monstera, die als niedliches Zweiblatt auf sie kam. Und zwar von der verstorbenen Tante eines Ex-Freundes, weswegen eigentlich keine besonders sentimentalen Bindungen an dieses Ding vorwalten sollten. Die Fensterblatt-Monstera ist mittlerweile (ja, auch weil ich sie ebenfalls »mitgieße«) drei mal drei Meter groß, und man muss, egal, in welchem Zimmer sie steht, durch ihr Blätterwerk hindurch.

Einmal versuche ich anzusprechen, dass ich im Leipziger Tropenhaus »Gondwanaland« eine freie Stelle entdeckt zu haben glaube, in die eine voll entwickelte Monstera als Spende eines Leipziger Ehepaars herrlich passen würde. »Nichts da«, sagt mein Weib, »erst vergreifst du dich an meiner Pflanze, dann sind dir meine Bücher im Weg, und was kommt dann? Nehme ich dir vielleicht auch zu viel Platz weg?«

Ich formuliere für mein nächstes Leben schon mal eine Kontaktanzeige: »Suche Frau mit Abitur / Kinder angenehm (Anzahl egal) / keine Zimmerpflanzen (Bedingung!)«

Dann sage ich, dass ich gehört hätte, so eine Stuben-Monstera wäre sehr anfällig für Krankheiten. Aber meine Frau sagt sofort: »Wage es nicht! An dem Tag, an dem meine Monstera ›plötzlich und unerwartet‹ eingeht, gehe ich!« Das ist etwas fett, und ich rufe: »Warum hängst du so an diesem Ungetüm?«

Meine Frau zögert jetzt sichtlich. Dann ringt sie sich zur Wahrheit durch: »Ich brauche etwas Großes in meinem Leben. Etwas, zu dem ich aufschauen kann.«

Die Tiere machen es eben nicht nur wie die Tiere

Stefan Schwarz
@schwarzseher

„Hausstaub ist ein Wort mit zwei Milben."

Achtung, Triggerwarnung. Wir bewegen uns im Folgenden jenseits der Artgrenzen. Doch zunächst ein paar Fakten: Es wurden Bären beobachtet, die onanieren, während sie anderen Bären beim Sex zusehen. Die Wissenschaft weiß noch nicht, ob der onanierende Bär seine Lust aus der Heimlichkeit seines Tuns gewinnt, oder ob das kopulierende Bärenpaar nur so tut als ob, um den Wichsbären hinterm Heidelbeerbusch so richtig in Stimmung zu bringen. Denn möglicherweise ist es ja ein Trick, um Nahrungskonkurrenten auszuschalten, weil Bären, die sich gerade leer gerubbelt haben, nicht sofort gleich wieder in den eisigen Wildbach hopsen, um Lachse zu fangen. Wie jeder, der sich schon mal einer exzessiven Masturbation hingegeben hat, gerne bestätigen wird.

Wir sehen an diesem kleinen Beispiel, dass die tierische Sexualität vieles mit der menschlichen gemein hat. Wir müssen also auch mal über Menschen reden, die nicht in Bildern sprechen, wenn sie sich nach ihrem »wilden Hengst« sehnen.

Jüngst hat das Bundesverfassungsgericht zwar noch einmal bestätigt, dass Tiere nicht zum Sex gezwungen werden dürfen. Das bedeutet aber im Umkehrschluss, dass alles andere legal ist. Verfassungsrechtler sagen: Nur weil wir etwas eklig finden, ist es noch lange nicht verboten.

Iwan Bloch, der große Sexualforscher der wilhelminischen Kaiser-Zeit, meinte denn auch, dass die Unzucht mit Tieren selten auf krankhafte Veranlagung, sondern auf einen Mangel an normalen Gelegenheiten zurückzuführen sei. (In Oberbayern gibt es schließlich mehr Rinder als Frauen.) Die Aufzählung an zur Verfügung stehenden Tieren, die Bloch dann macht, ist lang. Sehr lang. Zusammenfassend kann man sagen: Alles, was Menschen essen, wurde auch schon mal gefickt. Ganz im Geist seiner Zeit unterscheidet er sodomitische Völkertypen und warnt Gänse vor einem Aufenthalt in China und rät Ziegen ab, allein durch Italien zu reisen.

Da ist nun in unseren Tagen gottlob das Tierschutzgesetz davor. Aber was ist mit den Schoßhündchen mit der flotten Zunge? Ist es Missbrauch oder selbstbestimmte Sexualität? Es bleibt kompliziert. Zoophile leben im Übrigen viel gefährlicher als Freunde von Peitsche und Seil. Es ist nämlich durchaus nicht so, dass Tiere nicht Nein sagen können. Sie können es. Und zwar recht eindeutig. Kühe haben keine Migräne. Kühe haben Hufe und setzen sie zu diesem Behuf auch umstandslos ein. Tierpfleger, die nächtens mit heruntergelassenen Hosen in hohem Bogen über das Gatter fliegen, sind nicht so selten. Was immer man Ihnen erzählt: Nicht jeder Unfall im Stall geschah beim Melken.

Aber Tiere können auch Ja sagen. Sie können sogar »Wird's bald?« sagen. Es sei nur erinnert an Margaret Lovatt, die 1964 in einem NASA-Projekt zur Kommunikation mit fremden Lebensformen mit einem Delphin namens Peter eine derart enge Beziehung einging, dass dieser ihr neben und beim Sprachunterricht schließlich Avancen zu machen begann. Es gab einige, nun ja, Reibereien; Lernwille und Konzentration begannen zu leiden, und Lovatt sah schließlich keinen anderen Ausweg, als ihn manuell wieder teamfähig zu machen.

Und der Tierfotograf Malcolm Brenner erzählt in der Doku »Dolphin-Lover«, dass das Delphinweibchen Dolly ihm beim Rückenkraulen plötzlich bereitwillig ihr Kleinod zugewandt habe und ihn, als er nicht sofort zu Diensten war, vier Meter unter Wasser drückte. Delphinweibchen seien in ihrer Sexualität sehr bestimmt, meinte Brenner, der wenig später der Aufforderung schließlich Folge leistete.

Hier könnte nun bald schon von einer Verführung, ja vielleicht sogar Notzucht durch das Tier gesprochen werden. Artenschutz ist keine Einbahnstraße. Und es muss die Frage gestellt werden, ob sich Tiere bei solchen Vorfällen strafrechtlich gesehen dauerhaft auf ihren Tierstatus herausreden können.

Das Internet ist aus!

»Sanfte Berührungen stärken das Immunsystem, besonders wichtig in der kalten Jahreszeit. Studien haben ergeben, dass Paare, die viel kuscheln, gesünder sind«, lese ich meiner Frau an einem sonnigen Sonntagvormittag aus der Zeitung vor, weil ich möchte, dass wir stets denselben Wissensstand haben. Meine Frau antwortet, dass sie das grundsätzlich gut finde, aber trotzdem nicht »mit wissenschaftlichen Argumenten« zum Kuscheln überredet werden möchte. Ich wäre ja wohl hoffentlich nicht nur aus gesundheitlichen Gründen mit ihr zusammen. »Nein«, sage ich denn auch sofort, »manchmal machst du mich auch echt krank.«

Überhaupt, meint das Weib jetzt, finde sie diesen Affentanz um die Gesundheit albern. Bei allem würde der gesundheitliche Nutzen herausgestrichen wie früher die Gottgefälligkeit. Selbst klassisch politische Themen würden nur noch in Hinsicht auf ihre gesundheitlichen Folgen besprochen. In den Medien werde geklagt, Arme würden früher sterben, als wäre das der Punkt. Als wäre etwas gewonnen, wenn arme Menschen hundert voll gesunde Jahre lang unter ihrer Armut litten. Armut sei doch vor allem erst mal Scheiße und dann ganz, ganz hinten auf der Liste vielleicht auch ungesund. Und sie habe auch noch nie gehört, dass Bürgerkriegsparteien innegehalten hätten, als man sie über die gesundheitlichen Nachteile von Straßenkämpfen informierte.

Da klingelt das Telefon, und der Sohn ruft an. Sein Internet wäre aus. Ob er zu uns kommen könne, haspelt er, er brauche unbedingt Netz, um die Kampagne zu Ende spielen zu können. Ich frage ihn mit väterlicher Ruhe, warum denn sein Internet aus wäre, und der Sohn schreit: »Ich weiß es doch auch nicht. Ich habe nichts gemacht. Außerdem ist es doch egal. Es ist aus.«

Er ist völlig außer Atem, und ich überlege, wie lange ein junger Mann von heute ohne W-Lan überleben kann. Vielleicht drei, vier Minuten. Länger nicht. Es mag einzelne, von der Natur besonders begünstigte Jünglinge geben, die mit angehaltenem Internet wie Apnoetaucher etwas länger im feindlichen Dunkel der Wirklichkeit aushalten, aber irgendwann ist Schluss. Wir müssen ihm also helfen. Doch gerade, als ich gönnerhaft »Na, dann komm rüber!« sagen will, nimmt mir meine Frau den Hörer weg. »Nein«, sagt sie, »du bekommst unser W-Lan nicht.«

So macht sie es immer. Jetzt muss ich ihre Position unterstützen, sonst falle ich ihr in den Rücken. Wer sich bei allen Entscheidungen vordrängelt, dem kann man ja nur in den Rücken fallen. »Du weißt, dass wir dein ewiges Gespiele nicht noch unterstützen. Wir wollen, dass du mal zur Besinnung kommst. Und das ist eine gute Gelegenheit.«

Jetzt flippt der Sohn aus. »Ihr könnt mich doch nicht zur Besinnung zwingen! Bitte, wie ihr wollt, dann frag ich eben meinen Nachbarn!« Dann schmeißt er auf. Ich bin erst betroffen, dann erleichtert. »Vielleicht ist es ja eine Nachbarin?«, meine ich listig.

»Du weißt wirklich nichts von Netzschlümpfen wie unserem Sohn«, erwidert mein Weib, »die Nachbarin könnte im Banne ihres hormonellen Monatswahnsinns in Weihnachts-Dessous die Tür öffnen, er würde trotzdem an ihr vorbeistürmen und nach dem Router suchen. Glaub mir. Es gibt Versuche mit Ratten, die eine Elektrode im Kopf hatten, die ihnen wie bei echten Zockern einen Dopaminstoß verpasst, wenn sie einen bestimmten Hebel drücken. Und diese Ratten haben nur noch diesen Hebel gedrückt, nichts mehr gegessen, nichts getrunken. Bis sie tot waren.«

»Unser Sohn ist aber keine Ratte«, wende ich streng ein, und das Weib gibt mir kurz recht. »Ich wollte ja auch nur sagen, dass es Wichtigeres gibt als Gesundheit.«

Stefan Schwarz
@schwarzseher

„Ich habe so viele Zweifel, dass man schon von Dreifel sprechen kann."

Rettung aus der Zeitschleife

Wir saßen im Biergarten. Zum Reden. Konstantins Ehe litt seit einiger Zeit unter seiner Beförderung zum Abteilungsleiter, denn zum ersten Mal in seinem Leben war Konstantin zufrieden und selbstsicher, und das war nicht das, was seine Ehefrau an ihm schätzte. Sie hatte ihn, was Selbstwert und Ausstrahlung betraf, vor zwanzig Jahren als Pflegefall übernommen und hatte nun nichts mehr, was sie stützen, beraten und für ihn entscheiden konnte. Vor Kurzem hatte er sogar selber eine Wäsche angesetzt, ohne sie zu fragen. Kein Wunder, dass sie ausgeflippt war.

Konstantin starrte eine Weile sinnend in sein Weizenbier, um dann plötzlich mit dem Mut des Mannes, der eine wichtige Tatsache seines Leben nicht mehr für sich behalten kann, zu sagen: »Ich habe eine andere Frau kennengelernt.« Zum Beweis holte er sein Smartphone hervor und zeigte mir ein Bild. »Find'sten die?«

So sind Männer. Zu allem Anfang erst mal Jäger und Sammler, die ihre Beute vorzeigen müssen. Das Bild zeigte Konstantin mit einer Kollegin, die dem Clearasil-Alter erst unlängst entwachsen schien. »Das ist keine andere Frau«, sagte ich zu seiner Überraschung, »das ist eine jüngere Frau.« Eine andere Frau, erklärte ich, wäre eine gleichaltrige, eine gleichfaltige, um die Sache mal bildhaft auf den Punkt zu bringen.

Es gibt reichlich Männer, die behaupten, eine jüngere Frau halte jung. Allein, ich zähle nicht dazu. Für mich wäre das, als wenn ich mein Leben nicht bestanden hätte und ab der zwölften Klasse noch mal alles wiederholen müsste. »Wenn du dir schon sicher bist, dass du nicht mit deiner jetzigen Frau alt werden willst, dann nimm wenigstens keine jüngere«, sagte ich, »junge Frauen würfeln dich wieder zurück auf Los. Alles noch mal von vorne. Hemmungsloser Sex. Babys. Die elenden Freuden des Co-Sleeping. Kinderkrankheiten. Stundenlanges Warten in Wartezimmern. Auslandsurlaub im Panikmodus, weil ständig einer abgängig ist. Dann das notwendige Haus im Grünen. Pendeln. Und dann rechtzeitig zur Abiturfeier des Jüngsten die Prostata-OP.«

Aber abgesehen von der Zeitschleife, in die sich ein Mann mit einer jüngeren Frau hineinkatapultiert, gäbe es eine Reihe von sehr bedenkenswerten Aspekten, die für Frauen mit etwas mehr Leben im Gepäck sprächen.

Ältere Frauen sind eigenständige Persönlichkeiten. Bei jüngeren Frauen heiratet man ja immer noch die Eltern mit. Entweder faktisch, weil Eltern jüngerer Frauen sich noch das Recht auf Bewertung und Beurteilung vorbehalten, während Eltern älterer Frauen da schon ausreichend »desillusioniert« sind. Oder man heiratet die Eltern sozusagen unbewusst in Gestalt des Fräuleins selbst, das noch nicht genügend abgenabelt ist und die Macken und Marotten ihrer Erzeuger ungeprüft ins Eheleben mit einschleppt.

Ältere Frauen hingegen wissen schon, dass bei Paaren zwei neurotische Herkunftskulturen aufeinanderprallen und dass bei Streits manchmal die Ahnen aus uns sprechen. Das hilft beim Runterkommen und Verzeihen.

Ältere Frauen haben überhaupt eine Ahnung, wovon man spricht. Ich habe kein besseres Wort dafür als Ahnung, aber es macht den Unterschied zwischen bloßem Zuhören und wirklichem Verstehen. Einer Frau, die nicht selbst in den Siebzigern mit Hirschbeutel und Jesuslatschen in der Blues-Messe gehockt hat oder in den Achtzigern mit Punk-Klamotten und selbst gefertigten Haarspray-Zacken auf dem Kopf auf der Dorfdisco rumgehüpft ist, der muss man viel erklären. Ein Mann, der gern erläutert und erklärt, Vorträge hält und einen bisschen Vorsprung im Lebenslauf braucht, ist mit einer jungen Frau sicher gut beraten, aber es wird ihm immer ein »Ja, genauso war's!« fehlen, das innige Einverständnis, das nur innerhalb derselben Generation vergeben wird. Es gibt eben einen Unterschied zwischen »Ich weiß, was du im Sommer 1983 gemacht hast, und ich bin imstande, eine Schilderung deiner Tätigkeiten im Sommer 1983 semantisch hinreichend korrekt zu erfassen«.

Überhaupt sind ältere Frauen weniger leicht zu beeindrucken, und ein Mann, der auf sich hält, nimmt das sportlich. Wir wollen mit unseren Bonmots und Aphorismen in der Oberliga punkten und nicht in der B-Jugend. Wenn es gelingt, ist der Lohn dafür auch stattlicher. Denn: Ältere Frauen sind besser im Bett. Darüber gibt es überhaupt keine Diskussion. Auch wenn es die Stehsex-Verherrlicher in den romantischen Komödien immer anders darstellen wollen, inbrünstiges Verlangen ist keine Unterdisziplin des Gewichthebens.

Überhaupt haben Leidenschaft und Sportlichkeit nur wenig miteinander zu tun. Eine ältere Frau kennt ihren Körper einfach besser als eine junge, und warum soll man sich als Mann stundenlang mit einer jungen Frau einen abrackern (wovon im übrigen auch der Kardiologe abrät), wenn man auch mit jemandem das Lager teilen kann, der einem schon nach einer Minute sagt: »Okay, so bleiben. Und jetzt mit mehr Druck.« Ganz abgesehen davon, dass ältere Frauen sinnlicher sind, weil die Haut nichts vergisst, wie es so schön heißt, und schon gar nicht die Stellen, wo es ihr guttut.

Ältere Frauen haben mehr Benimm und reden sich nicht um Kopf und Kragen. Ältere Frauen wissen, dass man nicht zu allem eine Meinung haben muss und dass noch so studiertes Gerede im Übermaß dümmlich wirkt. Ältere Frauen gähnen auch nicht, wenn sie etwas langweilt, sie schauen nur dann etwas großräumiger. Ältere Frauen sind nicht gleich von allem begeistert, das schont die begrenzten Empathie-Reserven und nicht zuletzt auch den Geldbeutel.

Ältere Frauen wissen, dass Männer eine andere Spezies mit ganz eigenen Bedürfnissen sind. Sie wissen: Hunde haaren schneller, als man das Wort Staubsauger aussprechen kann, Katzen kratzen ihre Krallen an Designer-Möbeln scharf, und Männer müssen eben auch ab und zu für eine Frau völlig rätselhafte Dinge tun. Mit anderen Männern unter nicht bestimmungsgemäßer Verwendung einer Arbeitsbühne Bierkästen für einen Guinness-Buch-Rekord stapeln oder für den Urlaub eine beigefarbene Segeltuch-Weste mit zwölf verschiedenen aufgesetzten Außentaschen kaufen, in der er aussieht wie ein aufgeklappter Kulturbeutel auf zwei Beinen. Ältere Frauen akzeptieren das, wenn auch manchmal nur mit freundlichem Spott, weil sie wissen, dass sie selber komisch sind.

Denn: Ältere Frauen haben »bewusst« PMS. Sie können dem Mann rechtzeitig Signale geben, dass alles, was jetzt kommt an Streit, Schmähung und Handgreiflichkeit, keine substanzielle Ursache hat. Junge Frauen rammen einem einfach die Nagelfeile in die Hand, weil man »so geguckt« oder eben auch »nicht so geguckt« hat.

Ich halte es für einen oberflächlichen Gedanken, dass nur dem Anfang ein Zauber innewohnt. Dem Anfang wohnt die Hoffnung inne, aber hoffen kann ja nun wirklich jeder.

Die meisten Menschen trennen sich, weil sie endlich mit anderen Augen gesehen werden wollen. Das ist ein Menschenrecht. Aber es hat auch was von Zeugenbeseitigung. »Eine junge Frau kann nur sehen, wer du jetzt bist«, sagte ich, »aber sie wird nie auch nur die leiseste Ahnung haben, wie du dazu geworden bist und was es dich gekostet hat. Eine junge Frau mag Männern, die etwas geschafft haben, wie eine Belohnung vorkommen, aber in Wirklichkeit ist es eher so, als würden sie sich des Weges schämen, der sie dahin gebracht hat. Denn die alten Männer mit den neuen, jungen Frauen müssten zugeben, dass sie vielleicht Karriere machen können, aber es nicht schafften, sich die Achtung und Liebe ihrer alten Frau zu erhalten, und damit beweisen sie, dass sie von Ökonomie keine wirkliche Ahnung haben.«

Beim Thema Ökonomie wurde Konstantin dann doch etwas grantig, schrieb er doch seine Beförderung zum Cheflogistiker des Unternehmens in erster Linie seinem wirtschaftlichen Sachverstand zu. »Wenn du neben allem, was ich dir eben gesagt habe, auch noch rechnen könntest, dann wüsstest du, dass du mit einem Promille des Budgets, das du für dieses kleine hübsche Fräulein ausgeben musst, deine Frau wieder für dich einnehmen kannst. Nimm es als Umschulungskosten. Sie muss sich erst daran gewöhnen, auf dich stolz zu sein. In Neapel gibt es ein Sprichwort: Erst wenn du etwas repariert hast, gehört es dir wirklich. Das gilt auch für die Ehe.

Wandhochläuferschuhe prüfen mich

Als ich mich eines Morgens am Frühstückstisch dehnte, reckte und streckte, um meine Frau dann mit einer vordergründig ironischen, in Wirklichkeit aber beachtlichen und fast schon preiswürdigen Bizepspose zu erfreuen, kommentierte die Trollprinzessin daneben nur ungerührt: »Malte hat mehr Muskeln als du! Der ist richtig krass durchtrainiert. Der läuft die Wand hoch und kommt mit 'nem Rückwärtssalto wieder runter.«

Ich ließ meinen Bizeps wieder schrumpfen und rührte gekränkt mein urgesundes Kokosöl im Kaffee um. Natürlich wusste ich, dass Töchter irgendwann anfangen, ihre Väter zu dissen, um sich den Übergang vom Bewunderungs- ins Betreuungsalter zu erleichtern, aber die Droge Verständnis hilft ja nicht bei jedem seelischen Schmerz.

»Jeder, wie er's braucht«, pampte ich zurück, »ich muss keine Wände mehr hochlaufen, mir macht man schon die Tür auf!« Trotzdem ließ mich die Bemerkung meiner Tochter nicht los. Etwas war anders gewesen als bei ihren sonstigen Scherzen, etwas in Ausdruck und Stimme, und nach ein paar Tagen, angelegentlich meiner Heimkehr von einem Stadtbummel, fiel es mir ein. Besser gesagt, fiel es mir in die Augen. Es war ein Paar riesiger Wandhochläuferschuhe, die im Flur standen, und ein Geraschel und Getuschel aus dem Zimmer meiner Tochter, das die Worte »Oh fuck, das is Papa …« und »Wieso issen der schon …?« enthielt.

Das war also der Grund, warum ich so anlasslos mit einem Jüngling namens Malte verglichen worden war. Weil plötzlich alles in der Welt meiner Tochter sich mit Malte vergleichen lassen musste. Benommen rief ich: »Bin wieder da!« In der Küche holte ich tief Luft und sagte zu mir selbst: »Es geht mich nichts an!«

Willkommen bei der Krone aller Prüfungen der Elternschaft. Sich immer wieder zu sagen, dass es einen nichts angeht, obwohl man an nichts anderes denken kann, als dass es einen nichts angeht.

Ich überlegte, ob ich den beiden einen Pfefferminztee anbieten sollte. Pfefferminztee kann man immer trinken. Zehn Minuten später könnte ich mit Keksen ankommen. Welcher Jugendliche mag keine Kekse? Ich verwarf den Plan als gouvernantenhaft und wurde gleich etwas unwirscher. Warum war mir dieser Malte nicht zur Approbation und charakterlichen Prüfung vorgelegt worden? War seine Muskulösität vielleicht mit schulischen Defiziten erkauft?

Ich bereute es, keinen Hund zu besitzen, den ich unter Betreuungsvorwänden im Tochterzimmer hätte deponieren können. So eine Art Verhütehund. Denn wenn Hunde Krebs und Sprengstoff erschnüffeln konnten, können sie sicherlich auch unmanierliches Verhalten erschnüffeln und bei Bedarf verbellen. Oder was war mit diesen intelligenten

Liege-Meldern, die bei Senioren an der Decke installiert werden und erkennen, ob der Greis unter dem Gerät noch geht, steht oder gerade umgefallen ist, und dann selbsttätig den Pflegedienst anrufen? Was, wenn ich selber umfiele und um Hilfe riefe? Sie müssten das Zimmer verlassen und mir aufhelfen.

Na gut, das war keine glaubhafte Option für einen Mann meines Alters. Außerdem würde Malte mich wahrscheinlich mit einem Ruck auf die Beine stellen, und das musste ich ja nicht auch noch haben. Da endlich fiel mein Blick auf den großen Hängeschrank in der Küche. Wenn der jetzt runterkrachte, könnte ich auch gleich noch prüfen, ob es sich bei Malte um einen hilfsbereiten jungen Mann handelte, der gleich mal mit anfasst und alles mit einsammelt. Zwei Stunden brauchte das bestimmt. Zwei Stunden, in denen es mich noch nicht nichts angehen musste.

Flammende Worte zum Thema Alkohol

Stefan Schwarz
@schwarzseher

„Dass ich die falsche Herdplatte anhabe und mich dann wundere, warum die Kartoffeln nicht kochen, ist eine Metapher für mein ganzes Leben."

Eines Tages ging ich in die Speisekammer, um einen Messbecher zu holen, als mein Fuß wieder mal gegen die dort aufgestellten Alkoholitäten stieß und es gewaltig klingeln ließ. Denn es handelt sich um sehr massive Bestände. Eigentlich stehe ich hier in einem Flaschenwald.

Der Grund ist: Ich bekomme regelmäßig Alkohol geschenkt. Offensichtlich sehe ich unangenehm nüchtern aus. Wie einer, der sich erst mal einen ordentlichen Schluck genehmigen sollte, um locker zu werden. Vielleicht denken die Schenker auch, dass ich als Schriftsteller einen besonderen, wenn auch unausgesprochenen Bedarf an geistigen Getränken habe, um meine vom Gebrauch der Fantasie erschöpften Nerven wiederzubeleben. Fakt ist: Ich trinke eher wenig. Das liegt daran, dass ich sofort anfange zu labern, wenn ich ein bisschen was intus habe. Nach zwei Gläsern Rotwein werde ich geradewegs universalkompetent und kann praktisch zu jedem Thema stundenlange Vorträge halten. Hitlers Tischgespräche waren dagegen ein streng paritätischer Meinungsaustausch. (»Mein lieber Jodl, Sie haben schon zwei Minuten lang nichts mehr gesagt. Jetzt aber mal raus mit der Sprache. Ich brenne darauf, Ihre Ansicht zu hören!« »Jawohl, mein Führer! Ansicht kommt sofort!«)

Leider komme ich beim vielen Labern nicht mehr zum Trinken, und so stehe ich oft nüchtern vom Tisch auf, während die anderen vom Wein und natürlich auch vom Nachhall meiner durchweg bedeutenden Gedanken betäubt in den Stühlen hängen.

Und nun, mitten in der Betrachtung dieser Unmengen an Flaschen voll Wodka, Aquavit, Doppelkorn, Kräuterschnaps, Rum, Portwein, Obstler, Orangenlikör und Sake befiel mich eine existenzielle Verzweiflung. Ich erkannte, dass mein Leben nicht reichen würde, um all diesen Alkohol auszutrinken. Es war einer dieser »Nie wieder!«-Momente, die Menschen in der zweiten Lebenshälfte immer öfter bekommen. Etwa wenn Frauen erkennen, dass sie nie wieder ärmellose T-Shirts tragen werden. Oder Männer, wenn ihnen einfällt, dass sie vielleicht nie wieder mehr mit einer anderen ... Schlafanzughose ... glücklich sein werden. Dieses kosmische Frösteln, dass es für bestimmte Sachen einfach zu spät ist. Und genau mit dieser elenden Gewissheit wurde mir klar, dass meine Erben in eine Kammer voll unausgetrunkenen Schnapses treten würden.

Es bliebe die Möglichkeit, härter und öfter zu feiern. Aber dazu habe ich die falschen Freunde. Gesittete Herren und Damen mit sauren Mägen und reizbaren Schlünden, die schon um halb elf die Hand über das Glas halten und »Für mich bitte nichts mehr!« hauchen. Eine Runde Magenbitter oder Obstler nach gutem Essen wird es schon mal, aber mehr nicht. So kriege ich vielleicht eine Flasche Hochprozentigen weg pro Jahr.

Andere Männer haben Söhne, die nur darauf warten, dass man übers Wochenende wegfährt, um sämtliche kostbaren Spirituosen des Vaters bei einer erst von der Polizei beendeten Party in sich hineinzuschütten. Nicht so bei mir. Der Sohn trinkt nicht. Gar nicht. Nicht ein Schlückchen. Ich weiß nicht, was wir falsch gemacht haben. Möglicherweise ist es ein Gen-Defekt. Wir haben ihn trotzdem lieb.

Wenn man ein paar Verhaltensregeln beachtet, kann man auch mit einem nicht-trinkenden Sohn ein ganz normales Leben führen. Dreht man sich halt weg, wenn der 23-Jährige auf öffentlichen Banketten den Kellner nach einer Flöte O-Saft fragt. Nur »Tiefsinnige-grundehrliche-Vater-Sohn-Gespräche« sind leider nicht möglich.

»Tiefsinnige-grundehrliche-Vater-Sohn-Gespräche« setzen die allmähliche Volltrunkenheit beider Parteien geradezu voraus. Immerhin sitzt man sich selbst in Gestalt eines jungen Brausekopfes gegenüber, der sich anschickt, alles noch mal genauso falsch zu machen wie man selbst. Unberechtigt selbstsicher und völlig schwerhörig, während man über die

Kluft zwischen den Generationen ein paar lebenswichtige Tipps herüber ruft wie: Die billigen Lebensmittel stehen unten im Regal. Oder: Die Bescheinigung vom Meldeamt liegt dort, wo der Staub am höchsten ist.

Vollendet ist das »Tiefsinnige-grundehrliche-Vater-Sohn-Gespräch«, wenn der Vater heulend im Arm des Sohnes lallt, dass er bald sterben wird und dass der »Sohnemann« dann »allein weitermachen muss« und »die Fahne hoch halten« und sich »um alles kümmern soll«. Der Sohn hofft derweil inständig, dass er mal nicht so werden wird wie sein besoffener Vater. Allerdings umsonst.

Egal. Noch dreißig oder vierzig Jahre, und dann steht hier alles voller Alkohol. Die ganze Wohnung. Wahrscheinlich werde ich mit achtundachtzig Jahren beim Verlassen des Badezimmers über eine Batterie 12 Años Ron oder einen Kegeltrupp torfgefilterten Single-Malt Highland-High-end-Whiskeys stolpern und die Wendeltreppe hinunter zu Tode kollern.

Aber ich habe einen Plan, wie ich dann diese Unmengen nutzbringend zur Anwendung bringen kann, um sie nicht den Halunken von der Wohnungsauflösung zu überlassen. Ich habe mich erkundigt, und es steht laut Beerdigungsvorschriften dem nichts entgegen. Ich werde mich also im Beisein der Angehörigen und Trauergäste in einer großen Pfanne mit allem hinterlassenen Sprit und Schnaps öffentlich zu Asche flambieren lassen.

Glossar

Das Buch enthält einen Mix aus neuen Texten und Zeitschriftenveröffentlichungen, u.a. für die Monatszeitschrift DAS MAGAZIN. Stefan Schwarz schreibt für verschiedene Illustrierte, die Beiträge wurden für die Buchausgabe teilweise überarbeitet. In der Zeitschrift »Brigitte Woman« erschienen – mit anderen Überschriften: »Darmgesichter« (07/2015), »Frauen im Krachmacher-Alter« (01/2016), »Rettung aus der Zeitschleife« (08/2017).

Stefan Schwarz twittert unter dem Accountnamen

Stefan Schwarz
@schwarzseher

Einige der Kurztexte wurden für dieses Buch ausgewählt.

Stefan Schwarz
@schwarzseher

„Wenn alle Bücher, in denen ›Die Rückfahrt verlief schweigend‹ steht, jetzt zu Sand würden, wäre die halbe Welt eine Wanderdüne.“